손혁의
투수교과서

마흔살까지 150km/h 를 던지는
메이저리거들의 비결

손혁의 투수교과서

손혁 지음 | 톰 하우스 감수

북하우스 엔

머리말

4년 만에 드디어 제 이름으로 책이 완성되었습니다. 책을 쓴다는 것이 이렇게 어려운 일인 줄 이전에 알고 있었다면 아마 시작하지도 않았을 것입니다. 이 책에서 저는, 미국에 와서 나름대로 공부하고 느낀 내용을 최대한 쉽고 간략하게 전달하려고 노력했습니다. 그러나 여전히 부족한 점들이 많이 있습니다. 부족하지만 제가 공부하면서 중요하다고 느낀 내용을 여러분들과 나누고 싶어 이렇게 용기를 내어 책으로 펴내게 되었습니다. 완벽하다고 말할 수 없으나 최선을 다했습니다. 이 책을 읽고 단 한 명의 독자에게라도 도움이 된다면 저는 큰 보람과 기쁨을 느낄 것입니다.

제가 미국에서 새롭게 야구를 볼 수 있는 기회를 제공한 사람은 톰 하우스였습니다. 그를 통해 피칭에 대한 전체적인 이해를 할 수 있게 되었고 더 깊은 안목으로 야구를 볼 수 있게 되었습니다. 제가 톰 하우스를 처음 알게 된 것은 현역 때 그가 쓴 책을 통해서였습니다. 그 후 그 이름을 잊어버리고 있다가 우연한 기회에 다시 그를 알게 되었습니다. 아내의 골프 선생님이 저에게, 아들이 야구를 하는데 투구 동작이 어떤지 한번 보고 조언을 해달라는 것이었습니다. 직접 보니 그 아이의 투구 동작은 너무나 예쁘게 잘 배운 것이었습니다. 그래서 누구에게 배웠냐고 물어보았더니 톰 하우스에게 배웠다고 했습니다. 다음 날 바로 톰 하우스를 찾아가서 재활에 대한 공부를 하고 싶으니 그런 곳을 추천해달라고 했습니다. 그랬더니 톰 하우스는 왜 한국이나 일본 사람들은 재활부터 배우려고, 그런 생각은 이미 다칠 것을 염두에 둔 생각이라는 것입니다. 다치지 않도록 올바른 투구 동작과 여러 가지 운동법을 배우는 것이 더 좋지 않냐고 하길래 당연히 그것이 더 좋다고 생각했기 때문에 그에게 올바른 투구 동작과 여러 가지 운동법을 배우기 시작했습니다. 투구 동작을 제 몸으로 직접 배우고 운동 동작 역시 제가 배워야 나중에 후배들이 질문을 했을 때 더 정확히 알려줄 수 있을 것 같았기 때문입니다.

제가 가장 궁금했던 것은 서양인과 동양인의 신체적인 차이였습니다. 신체적인 차이가 있기 때문에 조금은 다른 투구 동작을 취할 수밖에 없다고 생각했는데 톰 하우스는 신체적인 차이가 있는 것이 아니라 처음부터 동양인은 서양인의 투구 동작을 적용할 수 없다는 선입견 때문에 하지 않는다는 것이었습니다.

제 또래 야구선수들은 어릴 때 선동렬 선수나 최동원 선수를 보며 운동을 했습니다. 물론 그분들은 미국의 메이저리그에서도 통할 만한 실력을 갖춘 위대한 투수들입니다. 하지만 우리가 어릴 때부터 메이저리그 선수를 보고 그 선수들이 던지는 투구 동작, 운동하는 방법, 그리고 먹는 음식까지 따라했다면 그들에 견줘 대등한 실력을 좀더 일찍 쌓아놓을 수 있었을지도 모릅니다.

제가 이 책을 쓴 이유는 아주 간단합니다. 톰 하우스의 연구소에서 투구 동작을 교정하며 투구를 하는데 어느 날 톰이 저에게 다시 선수를 해보는 것은 어떠냐고 제안해왔습니다. 톰은 제가 충분히 선수로 뛸 수 있는 몸을 가지고 있고 공의 속도 또한 92마일(약 148km/h)까지 나올 수 있다고 말하는 것입니다. 저는 말도 안 되는 소리라고 생각했지만 어쨌든 공부도 하면서 다시 야구도 할 수 있다는 말에 본격적으로 선수가 되기 위한 운동을 시작했습니다. 물론 마지막이라는 생각으로 정말 열심히 했습니다. 그 후 3개월이 지나자 공의 속도가 88마일까지 나오더니 다시 한 달이 지난 후에는 90마일 그리고 5개월이 지난 후에는 92마일이 나왔습니다. 그때는 정말 '꿈에 그리던 메이저리그 마운드에서 공을 던질 수 있겠구나' 하는 생각이 들었습니다. 제구력은 워낙 자신이 있었으니까요. 이제까지 저를 괴롭히던 팔도 전혀 아프지 않았습니다. 그 후 며칠이 지나 볼티모어오리올스의 스카우터가 제가 투구하는 모습을 보고 다음 날 바로 계약하게 되었습니다. 지금 생각해도 그때는 정말 꿈만 같았는데……

그러고 나서 다음 해 봄에 마이너리그 스프링캠프에 합류하게 되었습니다. 실제로 선수들을 보니까 그곳에서는 정말 잘 던질 수 있겠다는 생각이 들었습니다. 투수들 대부분이 공의 속도는 150km/h 이상을 던지지만 제구력은 좋지 않았습니다. 스카우터와 톰이 말하길 올스타전 이후면 메이저리그에 올라갈 수 있을 거라는 거예요. 그 후 세 번째 연습 시합에서 공을 던지고 내려왔는데 목과 어깨가 좋지 않았습니다. 그전까지는 정말 꿈에 부풀어 있었는데…… 다음 날 일어났더니 어깨가 아예 움직이지도 않아 병원에서 검사를 해보니 어깨가 아니라 쇄골의 뼈가 서로 부딪친다는 것을 알게 되었습니다. 오랫동안 모르고 지냈던 프로생활의 후유증이었던 것입니다. 그 후 저는 야구를 그만두었지요. 그러고 나서 제가 그만큼 좋아질 수 있었던 이유에 대해 더 많이 배우고 열심히 연구했습니다. 제가 아닌 다른 사람을 위하여……. 지금도 저는 메이저리그 마운드에 서고 싶습니다. 하지만 이제는 설 수 없다는 것을 알고 있습니다. 그러면서도 바보같이 '다시 그곳 메이저리그 마운드에 설 수는 없을까' 하는 생각을 하루에도 몇 번씩 합니다. 이것이 바로 제가 이 책을 쓴 이유입니다. 저는 이제 갈 수 없습니다. 대신 여러분들이 이 책으로 배워 저 대신 그곳에서 오랫동안 부상 없이 던져주었으면 합니다. 메이저리그 마운드는 모든 것을 투자해도 좋을 만큼 정말 멋진 곳이기 때문입니다.

이 책을 쓰면서 한국 선수나 일본 선수에 대한 자료가 부족해 아쉬웠습니다. 물론 비교할 때는 미국 투수나 한국 투수 혹은 일본 투수로 비교했지만 좀더 정확한 자료가 있으면 좋겠다는 생각을 했습니다. 그래야만 야구를 배우는 사람들이 쉽게 이해할 수 있으니까요.

책이 나오게끔 도와주신 KBO, 대한야구협회, 그리고 8개 구단 감독님과 코치님 들, 또한 사진을 쓰게끔 허락해주신 구단 관계자 여러분과 선수 들께 감사드립니다. 사진을 제공해준 각 일간지와 스포츠 신문사 기자님들, 또한 8개 구단 홍보팀과, NPA, RDRBI 그리고 Getty Images에도 감사드립니다. 저를 많이 아껴주시고 도와주시는 김인식 감독님과 장인어른께도 감사드립니다. 책을 쓰는 데 많은 도움을 준 톰 하우스와 저의 친구인 지명이, 준석이, 규민이, 한솔이, 범근이 그리고 샌디에이고코브라 팀 멤버들, 사진을 찍어준 형준이와 재현 형 그리고 손용호 기자님께도 감사드립니다. 한국에 가면 저를 동생처럼 아껴주는 본상이 형, 그리고 진혁이 형에게도 감사드립니다. 제 친구들인 고려대학교 92학번 동기들과, 남형이, 하나밖에 없는 연예인 동갑친구 이훈, 그리고 이제는 가족 같은 병규와 대진이에게도 고맙다고 전하고 싶네요. 다른 모든 분들께도 감사드립니다. 마지막으로, 저를 낳아서 길러주시고 야구선수로 만들어주신 부모님, 정말 감사하고 사랑한다고 전해드리고 싶습니다. 야구를 하게 된 것이 저는 정말 좋습니다. 내 동생 욱이 건강하고, 난 동생이 있어서 참 좋다. 그리고 골프선수인 와이프 희원이, 선수 하기도 힘든데 아기 돌보랴 내 뒷바라지까지 하랴 정말 고맙고 사랑한다…… 많이 못 도와줘서 미안해…… 그리고 하나밖에 없는 내 아들 대일, 아빠가 많이 사랑하고 나중에 꼭 150km/h 이상 던지는 왼손 투수가 되렴…….

2013년 봄,
손혁

추천사

부상으로 선수생활을 일찍 그만두는 야구선수들을 보면 나는 항상 안타깝다는 생각을 많이 한다. 나 역시 부상으로 현역시절이 길지 않았고, 나의 가장 열성적인 제자 중 한 명이었던 저자(손혁) 또한 부상으로 선수생활에서 일찍 은퇴해야만 했다. 하지만 야구에 대한 손혁의 열정은 은퇴로 끝나지 않았다. 손혁은 몇 년 동안 미국에서 투구법과 재활에 관한 연수를 마친 후 나에게 한 권의 책을 가지고 돌아왔다.

부상 없이 오랫동안 효과적으로 던지는 투구법에 대한 책 내용은 나 역시 상당한 관심을 가지고 있던 주제였다. 이렇게 연구하고 성장해서 돌아온 제자를 보니 감회가 새롭다.

감독을 하다보면 팔꿈치, 어깨, 손목, 무릎, 허리통증에 시달리는 선수들을 많이 본다. 안타깝게도 아직 한국 야구계에는 부상 방지에 대한 특별한 해결책이 없어, 많은 투수들이 묵묵히 고통을 참으면서 던지다가 결국 부상 때문에 야구를 그만두는 것을 자주 보아왔다.

『손혁의 투수교과서』는 투구법에 대한 과학적이고 심층적인 연구를 통하여 부상을 방지하고 효과적으로 던질 수 있는 방법을 제시한다. 이 책을 통하여 많은 야구인들, 특히 투수들이 부상을 당하지 않고 오랫동안 야구를 즐겼으면 한다.

우리나라의 프로야구도 1억 관중을 넘어섰다. 이제 세계적으로 톱클래스가 된 우리나라도 선수나 일반인 모두 부상 없이 야구를 즐길 수 있으면 좋겠다. 한국 야구가 발전할 수 있도록 연구하고 노력한 저자에게 고마움을 표한다.

김인식 (2009년 WBC대표팀 감독)

I have known Sunny for almost 10 years as a pitcher, a pitching coach, a friend, and now an author.

When I first met Sunny, I was very impressed by his passion towards baseball. Oftentimes, retired baseball players lose their passion for the baseball. However, Sunny was different: it was obvious that he was too into the baseball for that to happen.

Our interaction has been the perfect East meets West baseball relationship. Sunny has a sincere desire to inform, instruct, and inspire Korean and American pitchers of all ages to stay healthy and improve their performance on the mound.

Together we have used the science of high-speed 3-dimensional motion analysis, and Foundation Fitness to help coaches in both countries upgrade and improve their teaching protocols. Sunny has done a great job of integrating the Korean and American approach to preparing pitchers for competition.

The Pitching Textbook is a state-of-the-art must read for pitchers, pitching coaches and parents.

Yours in baseball,

Tom House, Pitching Coach at University of Southern California

써니(손혁의 미국 애칭)를 알게 된 지도 어언 10년이 되었다. 처음에는 투수로, 그 후에는 친구이자 같은 투수 코치로, 이제는 한 책의 저자로서 좋은 관계를 유지하고 있다.

써니를 처음 만났을 때, 써니의 야구에 대한 열정을 보면서 상당히 놀랐다. 일반적으로 은퇴한 야구선수들은 예전에 가졌던 야구에 대한 열정이 식기 마련이다. 그러나 써니는 달랐다. 써니가 야구에 푹 빠져 있다는 것을 바로 느낄 수 있었다.

나와 써니의 만남은 서양과 동양이 만나 조화로운 세계를 만들어내는 것처럼 서로의 부족함을 채워주는 최고의 만남이었다. 써니는 연령과 국적을 넘어 어떠한 투수라도 마운드에서 부상 없이 건강하게 던질 수 있는 방법을 연구하고 가르치는 데 최선의 노력을 하고 있다.

나와 써니는 3차원 동작분석 기법과 RDRBI에서 자체 개발한 '파운데이션 피트니스Foundation Fitness' 프로그램을 통해 투수들의 투구 폼을 개선하려는 노력을 해왔다. 한국과 미국의 투수 코치들은 '파운데이션 피트니스' 프로그램을 이용하여 자신들이 지도하고 있는 투수들의 투구 효율성을 높이고 있다. 써니는 한국과 미국에서의 경험과 연구로 투수들이 실제로 시합에서 좋은 성과를 거두게 했다.

『손혁의 투수교과서』가 투구기법의 필독서로 부디 많은 투수와 투수 코치, 그리고 선수의 부모들에게 널리 읽혀, 많은 선수들이 부상 없이 오래 야구를 즐겼으면 하는 바람이다.

톰 하우스 (남가주대학 투수 코치)

머리말 • 005   추천사 • 009

들어가기 전에

투구 동작에 대한 지금까지의 통념 • 016

균형과 자세 • 022
01 균형이 무너진 투구 동작 VS 균형 잡힌 투구 동작 • 024
02 놀란 라이언과 로저 클레멘스를 통해 본 균형 잡힌 투구 동작의 중요성 • 029

투구 동작 분석의 틀 • 034

 ### 01 와인드업과 퀵모션
와인드업 • 044   **퀵모션** • 052

 ### 02 다리 들기와 엉덩이 밀기
다리 들기 • 060   **엉덩이 밀기** • 068

 ### 03 스트라이드와 추진력
스트라이드 • 080

 ### 04 양팔의 대칭
양팔의 대칭 • 094

 ### 05 엉덩이와 어깨의 분리된 움직임 그리고 어깨 회전의 지연
엉덩이와 어깨의 분리된 움직임 • 109   **어깨 회전의 지연** • 114

 ### 06 몸통의 움직임과 진행 경로
몸통의 움직임 • 122

07 글러브의 위치와 움직임

글러브의 위치 • 130   글러브의 올바른 움직임 • 134

08 릴리스포인트와 팔로스루

릴리스포인트 • 144   팔로스루 • 150

09 드래그라인

드래그라인 • 158

10 투구 동작 향상에 도움을 주는 훈련법

01 캐치볼 • 171   02 오렐 허샤이저 훈련법 • 175   03 로커스로 훈련법 • 180
04 무릎 꿇고 던지기 • 184   05 벽을 이용한 던지기 • 188   06 작은 타깃을 이용한 던지기 • 190
07 모자 맞히기 • 194   08 수건을 이용한 훈련법 • 198

11 구질의 종류와 공을 잡고 던지는 방법

01 패스트볼 • 208   02 브레이킹볼 • 216   03 러너, 싱커, 슈트 • 228
04 체인지업 • 232   05 스플리트핑거 패스트볼, 포크볼 • 240
06 너클볼, 팜볼 • 246   07 던지는 방법 총정리 • 250

12 글러브를 이용한 수신호

01 패스트볼 • 258   02 브레이킹볼 • 260
03 체인지업 • 262   04 스플리트핑거 패스트볼(포크볼, 너클볼, 팜볼) • 263

13 투수를 위한 운동법

어깨 근력과 관절의 탄력을 기르는 운동 1-6 • 266
견갑골 붙이기 • 278   팔굽혀펴기 • 280

팔꿈치와 어깨 부상의 원인과 회복 방법 • 284

01 투구 수 / 02 팔꿈치 부상의 원인 / 03 어깨 부상의 원인 / 04 부상의 예방 /
05 근력 운동 / 06 얼음찜질 / 07 마사지 / 08 섭취 / 09 수면

책을 마치며 • 294   찾아보기 • 296

들어가기 전에

투구 동작에 대한 지금까지의 통념
균형과 자세
투구 동작 분석의 틀

투구 동작에 대한 지금까지의 통념

책의 첫 장인 이 장에서는 '투구 동작에 대한 지금까지의 통념'에 관해 살펴보고자 한다. 그 이유는 이 책을 쓴 동기와 이 책을 통해 전달하고자 하는 바를 이 주제가 모두 담아내고 있기 때문이다. 필자는 오랫동안 야구를 하면서 투구에 대한 무수한 조언을 들었다. 그중에서 필자에게 큰 도움을 준 것들도 있지만, 의문이 들었던 정보와 조언도 있었다. 선수생활에서 은퇴한 뒤 본격적으로 투구에 관해 공부하면서 이러한 의문점들을 얼마간 해소할 수 있었고, 더 나아가 투구에 대한 기존의 통념들을 처음부터 찬찬히 점검해볼 기회를 갖게 되었다. 이 장에서 다룰 내용은 바로 이러한 통념에 대한 점검이라 생각하면 될 것이다. 독자들이 이 장을 읽으면서 필자가 느꼈던 놀라움을 공유할 수 있으면 좋겠다. 이제부터 투구에 대한 대표적인 8가지 통념에 대해 살펴보도록 하자.

1 투구 시 최적의 팔의 위치와 높이 그리고 각도가 존재한다

우리는 투구 시 최적의 팔의 위치와 높이 그리고 각도가 존재한다고 믿었기 때문에, 하나의 기준을 세워놓고 고집하면서 지금까지 이것을 불문율로 여겨왔다. 필자를 포함한 많은 사람들이 팔의 위치, 높이 그리고 각도에만 모든 신경을 집중해서 투구 동작을 고치려 했다. 하지만 이것들은 그리 중요하지 않다. 중요한 것은 자신의 신체 조건에 맞게 자연스럽게 던지면서, 공을 타자 쪽으로 최대한 끌고 나와 던지는 것이다. 리그 정상급 투수들의 투구를 보면, 그들은 높은 곳에서 공을 던지는 것이 아니라, 최대한 타자 쪽으로 끌고 나와 던지는 것을 볼 수 있다. 이는 타점 높은 공이 타자가 공을 치기 어렵게 만든다는 기존의 생각을 되짚어보게 한다. 과학적으로 살펴본 결과 투수가 타점이 높은 공과 타점이 낮은 공을 던졌을 때 타자가 받아들이는 느낌의 차이는 각도상 단지 약 1도 정도의 차이 밖에 나지 않는 것으로 드러났다. 우리는 지금까지 팔 위치와 높이 그리고 각도에만 너무 많은 신경을 써왔다. 이는 많은 투수들이 비효율적인 투구 동작을 갖게 된 큰 원인이었다. 이 부분에 대한 좀더 정확하고 자세한 설명은 '균형과 자세'를 설명하는 부분에서 다루도록 하겠다.

2

오른손 투수는 투수판의 오른쪽 끝을 밟고
왼손 투수는 투수판의 왼쪽 끝을 밟고 던져라

지금까지 우리는 오른손 투수는 투수판의 오른쪽, 왼손 투수는 투수판의 왼쪽 끝을 밟고 던져야 공이 타자에게 대각선으로 날아가 타자를 공략하는 것이 더욱 쉽다고 생각했다. 하지만 통념 1에서 설명한 것처럼 이보다 더 중요한 것은, '얼마나 더 타자 쪽에 가깝게 공을 놓을 수 있느냐'이다. 대각선 투구에 대한 집착은 비효율적인 투구 동작을 발생시키는 원인 가운데 하나였다. 이 부분에 대한 좀더 자세하고 정확한 설명은 '투구 동작과 드래그라인'을 설명하는 부분에서 다시 하겠다.

3

힘을 모으기 위해 다리를 든 후
잠시 멈추거나 완전히 멈추었다가 던져라

다리를 든 후 잠시 멈추거나 완전히 멈추었다가 던지는 투구 동작은 일본 투수들에게서 많이 볼 수 있는 모습이다. 하지만 멈추는 것보다는 바로 이어나가는 것이 좋다. 다리를 드는 이유는 힘을 모으기 위한 것인데 이렇게 다리를 들고 멈추게 된다면 그 자체로 모아진 힘을 반감시키고 만다. 또한 다리를 든 후 균형을 잡기 위해서 천천히 나아가라고 하는데 그 또한 힘을 반감시키는 이유가 된다. 천천히 나아가는 대신 최대한 빨리 나아가야만 나쁜 동작이 생길 확률이 그만큼 줄어들고 다리 들기 시 모았던 힘을 다음 동작으로 연결시킬 수 있다. 많은 사람들이 잠시 멈추거나 완전히 멈춘 후 천천히 나아간다면 자세가 안정될 것이라고 생각하지만 그로 인해 나쁜 동작이 생길 가능성이 더 커지고, 더욱 빠르게 던질 수 있는 공의 속도를 포기하게 되는 것이다. 너무 안정감만을 강조하여 비효율적인 투구 동작을 유발시킨 경우다. 이 부분에 대한 정확한 설명은 '다리 들기 동작과 스트라이드 동작'을 설명하는 부분에서 하도록 하겠다.

4 스트라이드가 떨어질 때 무릎과 발을 일직선으로 떨어지게 하라. 그리고 스트라이드의 폭은 적절히 하라

스트라이드Stride가 떨어질 때 무릎과 발을 일직선으로 떨어지게 하라는 것이다. 다시 말하면 무릎이 열리거나 닫히지 않도록 곧게 나아가야 하며, 발의 모양과 위치 또한 열리거나 닫히지 않게 똑바로 떨어져야 한다는 것이다. 하지만 무릎과 발은 어디로 어떻게 떨어지든 어떠한 모양을 지니든 전혀 상관없다. 각 개인은 저마다 다른 신체구조를 가지고 있기 때문이다. 그러므로 특정한 동작으로 바꾸기보다는 개인이 가장 자연스럽게 할 수 있는 동작을 찾아 만들어주는 것이 좋다. 사람은 누구나 자연스러운 동작 안에서 최대의 힘을 쓸 수 있다. 또다른 통념 중 하나는 발이 땅에 닿을 때 특정한 부분부터 먼저 땅에 닿게 떨어지라고 하는 것이다. 하지만 어느 부분이 땅에 먼저 닿든 전혀 상관이 없다. 그 이유는 위에서 설명한 것과 같은 맥락이다. 마지막으로 균형과 자세가 무너지지 않도록 스트라이드의 너비를 줄이라고 한다. 하지만 목표(포수)와 가까워지면 가까워질수록 타자 가까이에 공을 놓을 수 있으므로 최대한 스트라이드의 너비를 넓게 벌리는 것이 바람직하다. 개인마다 발로 여섯 발 반에서 일곱 발이 가장 적합하다. 인위적으로 만드는 무릎과 발의 위치와 모양이 비효율적인 투구 동작의 원인 중 하나인 것이다. 이 부분에 대한 정확한 설명은 투구 동작의 '스트라이드와 그 스트라이드가 나아가는 힘'을 설명하는 부분에서 하겠다.

버팀발로 투수판을 밟고 던지며
투수판을 밀고 나가라

버팀발로 투수판을 밟고 던지며, 또한 던질 때 투수판을 밀고 나가라고 한다. 하지만 앞에서 설명했듯이 공은 타자에게 최대한 가깝게 놓을수록 좋은 것이기 때문에, 투수판을 밟는 것보다는 밟지 않는 것이 좋다. 그 이유는 조금이라도 더 타자에게 가까운 위치에서 투구를 시작할 수 있기 때문이다. 또한 버팀발로 투수판을 밀고 나오는 것이 아니라 버팀발을 자연스럽게 끌고 나오는 것이다. 이때 버팀발로 인해 선이 생기게 되는데 미국에서는 이 라인을 드래그라인이라 부른다. 우리가 조금 잘못 알고 행하는 이 동작이 비효율적인 투구 동작의 원인이 되고 있다. 이 부분에 대한 정확한 설명은 '드래그라인'을 설명하는 부분에서 하겠다.

던질 때 팔을 짧게
혹은 길게 회전해서 던져라

던질 때 팔을 짧게 혹은 길게 회전해서 던지라는 것이다. 하지만 던지는 팔은 각 개인이 가장 편안한 자세로 회전해서 던지는 것이 최선이다. 또한 공을 던지는 팔은 유니폼 옆면 재봉선 밖으로 나가지 말라고들 한다. 하지만 이 또한 아무 문제가 되지 않는다. 다만 던지는 팔의 모양과 글러브를 낀 팔의 모양을 같게 해주는 것이 중요하다. 인위적으로 만드는 팔의 동작 때문에 비효율적인 투구 동작이 발생하게 된다. 이 부분에 관한 정확한 설명은 '양팔의 대칭'을 설명하는 부분에서 하겠다.

7 너무 어릴 때부터 변화구를 던지거나 많이 던지면 팔에 부상이 생긴다

변화구를 너무 어릴 때부터 던지거나 많이 던지면 팔에 부상이 생긴다는 것이다. 하지만 변화구를 많이 던져서 아픈 것이라기보다는 잘못된 투구 동작으로 변화구를 던져서 아픈 것이다. 이 부분에 대해서는 '공을 잡고 던지는 방법'을 설명할 때 정확하게 다시 설명하겠다.

8 공을 던질 때 글러브를 엉덩이나 가슴 쪽으로 당겨라

공을 던질 때 글러브를 엉덩이나 가슴 쪽으로 당기라는 것이다. 공을 던지는 순간에는 공을 던지는 팔보다 글러브를 낀 팔의 힘이 더 세다. 그 이유는 글러브의 무게 때문이다. 그러므로 글러브를 당기면 몸은 자연스럽게 글러브 방향으로 이동하게 된다. 그렇게 되면 투구 동작을 시작할 때부터 만들어왔던 힘이 목표(포수)가 아닌 반대 방향으로 가게 된다. 또한 공을 놓는 위치(릴리스포인트)도 뒤로 가게 된다. 글러브를 가슴으로 당기는 이 동작 또한 비효율적인 투구 동작의 한 원인이 된다. 이 부분에 대한 정확한 설명은 '글러브의 위치'에 대한 설명을 하는 부분에서 하겠다.

지금까지 설명한 것이 투구 동작에 대한 지금까지의 통념들이다. 물론 지금까지 알려진 투구 동작으로 최고의 투수가 된 선수들도 많이 있었지만 오랫동안 선수생활을 한 투수들은 그렇게 많지 않았다. 좀더 효율적인 투구 동작을 갖춘다면 오랫동안 빠른 공을 더 정확하게 던질 수 있게 될 것이다. 앞에서는 간단히 설명했지만 지금부터 정확하게, 그리고 아주 자세하게 설명하도록 하겠다. 독자 여러분도 꼭 오랫동안 빠른 공을 더 정확하게 던질 수 있게 되길 바란다.

• NPA/RDRBI에서 자료를 제공함.

균형과 자세

사람에게 몸의 올바른 균형Balance과 자세Posture는 매우 중요하다. 어떻게 서고, 앉고, 눕고, 걷느냐는 사람의 건강 상태에 큰 영향을 미친다. 사람뿐만 아니라 건물을 지을 때도 마찬가지다. 일반인보다 특별히 몸을 많이 쓰는 운동선수들의 경우 올바른 균형과 자세는 아무리 강조해도 지나침이 없을 정도로 중요하다. 좀 과장되게 표현하자면 올바른 균형과 자세는 모든 운동의 시작이며 끝이라고 말할 수 있다.

투수의 경우에도 올바른 균형과 자세는 말할 필요 없이 중요하다. 그렇다면 '투수가 올바른 균형과 자세를 갖추면 어떤 이점이 생기는가?'라는 질문이 자연스럽게 따라온다. 이 질문에 대한 답이 바로 이 장의 결론이다. 결론을 간단하게 정리해보면, 올바른 균형과 자세는 우선 공을 놓는 위치 즉, 릴리스포인트를 최대한 앞에서 형성하도록 하여 공의 속도를 증가시키는 역할을 한다. 이것보다 더 중요한 것은 투수가 부상 없이 오랫동안 선수생활을 할 수 있게 해준다는 점이다. 그러면 지금부터 어떻게 하면 투수가 올바른 균형과 자세를 몸에 익힐 수 있는지에 대해 배워보도록 하자.

01
균형이 무너진 투구 동작
VS 균형 잡힌 투구 동작

사진 1. 균형이 무너진 투구 동작

🟡 여러분들은 혹시 예전에 이런 투구 동작을 본 적이 있습니까?

　이런 투구 동작들을 여러분도 종종 보았을 것이라고 생각한다. 사진 1은 투구 동작이 릴리스포인트에 왔을 때 균형과 자세가 무너진 모습을 보여주는 대표적인 사진이다. 두 사진 모두 다 '봉념' 부분에서 설명했듯이, 공을 놓는 위치 즉 릴리스포인트만을 높이려고 고집했기에 사진에서 보는 것처럼 왼쪽으로 균형과 자세가 무너지게 된 것이다. 두 사진과 같은 투구를 하게 된다면 릴리스포인트는 뒤에서 형성되어 공의 속도가 느려질 뿐만 아니라, 타자가 느끼는 체감 속도 또한 떨어지게 된다. 그보다 이런 자세는 부상의 원인이 되므로 이런 투수들은 빨리 올바른 균형과 자세를 갖추도록 교정해주어야 한다.

　사진 1의 왼쪽은 그레그 매덕스의 아들로 가장 완벽한 투구 동작을 가진 투수를 아버지로 두었기에 곧 좋은 투구 동작으로 바뀌지 않을까 생각한다. 하지만 오른쪽 투수의 경우는 벌써 토미 존이라는 수술을 받고 말았다. 그는 약 5년 전에 리틀리그 월드시리즈에서 최고의 투수로 평가받던 유소년 투수 중 하나였다. 하지만 올바르지 않은 균형과 자세로 공을 던졌기에 어린 나이에 부상을 당하고 수술까지 받게 되었다. 너무 어린 나이 아닌가? 물론 요즘 우리나라의 투수들도 어린 나이에 부상으로 인해 수술까지 받는 것을 자주 볼 수 있다. 힘이 길러지지 않은 상태에서 올바르지 않은 균형과 자세로 투구를 하기 때문이다. 또한 수술을 받은 후 또다시 잘못된 투구 동작으로 공을 던지게 된다면 아무리 좋은 재활운동을 하더라도 또다시 수술을 받게 될 것이다. 그러므로 올바른 투구 동작과 올바른 운동을 병행해야만 한다.

그레그 매덕스 Greg Maddux 통산 355승 227패, 방어율 3.16. 사이영상 4회 수상. '핀 포인트' 제구력의 달인. 통산 5000이닝 이상을 던지면서 단 999개의 볼넷만을 기록했다. 힘으로 밀어붙이는 강속구 투수들과는 달리, 완벽한 제구력이 뒷받침된 타자와의 머리싸움으로 팀의 승리를 이끌어내는 투수. 투구 이후의 수비 동작도 뛰어나 통산 17회의 골든글러브를 수상함(투수 부문 1위).

토미 존 Tommy John 통산 288승 231패, 방어율 3.34. 20년이 넘는 현역생활을 해온 이 투수의 성적보다 이름이 더 잘 알려져 있는 건, 이 선수가 처음으로 받은 수술인 토미 존 서저리(Tommy John Surgery) 때문이다(수술 명칭도 그의 이름을 따 만들어졌다). 늘어나고 망가진 팔꿈치 인대를 새로운 인대로 접합시켜주는 수술로서, 투수들의 팔꿈치 부상 회복과 선수생활의 연장을 돕는 혁신적인 수술이다.

사진 2.
릴리스포인트 직전의
투구 동작

🌕 그렇다면 이 사진들은 어떠한가?

    지금부터 보는 사진들은 가장 올바른 균형과 자세를 가진 투수들이 릴리스포인트로 오기 직전과 왔을 때의 사진이다. 요즘은 우리나라에서도 메이저리그 중계를 자주 하기 때문에 야구에 조금만 관심이 있는 사람이라면 한 번쯤은 TV에서 본 투수들일 것이다.

    사진 2는 케리 우드, 페드로 마르티네즈, 호세 콘트레라스, 랜디 존슨의 릴리스포인트 직전의 투구 동작을 찍은 사진들이다. 이 사진들이 보여주는 공통점은 몸통이 올바른 균형과 자세를 유지하며 포수 쪽으로 향하고 있다는 것이다. 이러한 공통점과 더불어 주목해야 할 점은 투수마다 팔의 위치와 높이는 각각 다르다는 것이다. 이 사진들을 보고 독자들에게 간단한 질문을 하나 하고자 한다.

> "투구 동작이 릴리스포인트에 도달했을 때
> 각 선수의 팔은 어떤 높이에서 어떤 모습이 될까?"

    사진 3은 투구 동작이 릴리스포인트에 도달했을 때 찍은 사진이다. 예상이 정확히 다 맞았는가? 아마 모두 다 맞지는 않았을 것이라 생각한다. 필자 역시 처음에 이 네 장의 사진을 보고 모두 다 정확히 맞히지는 못했다. 사실 사진 2와 3을 통해 눈여겨봐야 할 점은 팔의 위치가 아닌 몸통의 자세와

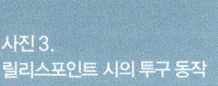

사진 3.
릴리스포인트 시의 투구 동작

눈의 위치이다. 팔의 모양은 각 개인의 신체적 조건에 따라 충분히 변할 수 있다. 하지만 몸통은 반드시 균형을 유지해야 하며 두 눈은 평형을 유지해야 한다. 공의 위력을 배가하기 위해 인위적으로 팔의 위치나 높이를 조정하는 것은 자연스럽지 못한 방법이다. 좀더 좋은 방법은 우선 투구 시 몸통이 바른 균형과 자세를 갖도록 훈련하는 것이다. 이러한 균형과 자세를 갖추게 되면 각 선수의 신체 조건에 따라 자연스럽게 팔 동작은 따라오게 된다.

"균형 잡힌 자세가 우선이다. 팔의 위치와 높이 그리고 각도는 저절로 자연스럽게 생긴다."

케리 우드 Kerry Wood 현재 86승 75패, 방어율 3.67. 마크 프라이어와 함께 시카고컵스를 이끌 두 유망주 투수 중 하나였다. 불같은 강속구와 날카롭게 휘는 슬라이더는 말 그대로 '언터처블' 이었음.

페드로 마르티네즈 Pedro Martinez 현재 219승 100패, 방어율 2.93. 사이영상 3회 수상. 몸에 비해 긴 팔과 손가락으로 뛰어난 구위를 자랑한다. 강타자가 즐비한 아메리칸리그 동부에서 5시즌 동안 2점대 방어율을 기록한, 별명 그대로 '외계인'인 투수.

호세 콘트레라스 Jose Contreras 현재 78승 67패, 방어율 4.55. 쿠바 아마야구를 평정하고 미국에 망명했다. 2005년 시카고화이트삭스 우승에 크게 기여했다. 90마일대의 강속구와 체인지업이 일품인 투수.

랜디 존슨 Randy Johnson 통산 303승 166패, 방어율 3.29. 사이영상 5회 수상. 2m 8cm의 'The Big Unit'. 통산 4875개의 삼진은 놀란 라이언에 이은 2위에 해당하는 기록. 왼손에서 뿜어져 나오는 100마일대의 강속구와 명품 슬라이더는 오랫동안 타자들을 괴롭혔다. 2009년 시즌에 300승을 달성, 메이저리그 역사상 6번째로 300승을 이룬 왼손 투수.

윤석민, 봉중근 그리고 선동렬의 투구 동작

그렇다면 한국 투수들은 어떨까? 역시 현재 한국 리그에서 좋은 투구를 하고 있는 투수들 또한 올바른 균형과 자세로 투구를 하고 있다. 사진 4는 윤석민 선수와 봉중근 선수의 투구 동작이 릴리스포인트에 왔을 때 찍은 사진이다. 사진을 보면 알 수 있듯이 두 투수 모두 상체의 균형과 자세가 어느 한곳으로 무너지지 않은 채 포수 쪽으로 똑바로 향하고 있는 것을 볼 수 있다. 또한 두 눈은 평행을 이루고 있다. 메이저리그 최고의 투수들과 비교해도 손색이 없는 투구 동작이다. 왜 이 두 투수가 한국을 대표하는 최고의 투수들인지 알 수 있을 것이다.

다음 사진 5는 우리나라 최고의 투수로 평가받고 있는 선동렬 감독의 릴리스포인트 직전의 투구 동작이다. 이 사진은 은퇴 후 10년 정도 지났을 때의 사진이다. 하지만 공을 던지는 순간을 보면 여전히 상체의 균형과 자세는 어느 한곳으로 무너지지 않은 채 포수를 똑바로 향하고 있는 것을 볼 수 있다. 현역이 아닌 은퇴 후 10년이 지났을 때의 투구 동작이 이러한데 현역 때는 얼마나 좋은 투구 동작으로 공을 던졌을지는 말할 필요가 없을 것이다.

사진 4. 윤석민, 봉중근 선수의 릴리스포인트 시 투구 동작
사진 5. 선동렬 감독의 릴리스포인트 직전의 투구 동작

놀란 라이언과 로저 클레멘스를 통해 본 균형 잡힌 투구 동작의 중요성

🟡 놀란 라이언

사진 6은 놀란 라이언의 투구가 릴리스포인트에 왔을 때, 상체의 모습, 팔의 위치와 각도, 그리고 모양을 보여주는 사진이다. 사진 6-A는 30대 시절의 투구 동작으로 균형과 자세가 약간 무너진 모습이다. 그에 비해 사진 6-B는 40대 때의 투구 동작으로 균형 잡힌 투구 동작을 하고 있음을 볼 수 있다. 놀란 라이언이 교정한 투구 동작은 사진 6-A에서 보듯 오른쪽으로 치우친 머리를 사진 6-B와 같이 포수 쪽으로 향하게 한 것이다. 머리의 위치를 약 7~8cm 정도 오른쪽에서 왼쪽으로 교정했다고 한다. 그로 인해 자연스럽게 두 눈이 평행을 이루게 되었으며, 공을 놓는 위치도 더 앞에서 형성되는 것을 볼 수 있다.

6-A (교정 전)　　　　　6-B (교정 후)

사진 6. 놀란 라이언의 투구 동작 비교

이렇게 놀란 라이언이 투구 동작을 교정하게 된 결정적 계기는 **톰 하우스**가 텍사스레인저스의 투수 코치가 되면서부터였다. 다음은 그 당시 놀란 라이언과 톰 하우스가 실제로 나눈 대화 내용이다.

놀란 라이언 : "오랫동안 부상 없이 공을 던지고 싶은데, 당신은 나의 투구 동작에 대하여 어떻게 생각하는지 솔직히 말해달라."
톰 하우스 : "지금 투구 동작도 괜찮지만 좀더 오랫동안 부상 없이 투구를 하려면 사이드암으로 던져봐라."
놀란 라이언 : "그럼 12에서 6시 방향으로 떨어지는 나의 커브볼은 어떻게 던지나?"
톰 하우스 : "똑같이 사이드암으로 던진다는 느낌으로 던져라."

톰 하우스가 놀란 라이언에게 사이드암으로 던지라고 한 이유는 다음과 같다. 그 당시 놀란 라이언은 대부분의 투수들과 마찬가지로 릴리스포인트 시 오직 팔의 위치와 높이 그리고 각도만을 중요한 것으로 생각하고 있었기 때문에 그러한 잘못된 고정관념을 머릿속에서 지워주기 위해 극단적으로 사이드암으로 던지라고 조언했다고 한다. 이 대화 이후 놀란 라이언은 톰 하우스의 충고를 받아들여 투구 동작을 교정하게 되었다. 이러한 교정 결과는 놀라웠다. 투구 동작의 균형과 자세를 교정하기 전에는 한 시즌 평균 330개의 삼진과 200개 정도의 볼넷을 기록했다. 하지만 40대 때에 투구 동작을 교정하고 난 후에는 한 시즌 평균 303개의 삼진과 60개 정도의 볼넷을 기록했다. 삼진 수에서는 큰 차이가 없지만, 볼넷 수에서는 제구력이 확연히 좋아진 것을 알 수 있다. 또한 마흔을 훨씬 넘긴 나이에도 현역 선수생활을 할 수 있게 되었다. 이들은 요즘도 가끔씩 연락을 하며 서로의 안부를 묻곤 한다.

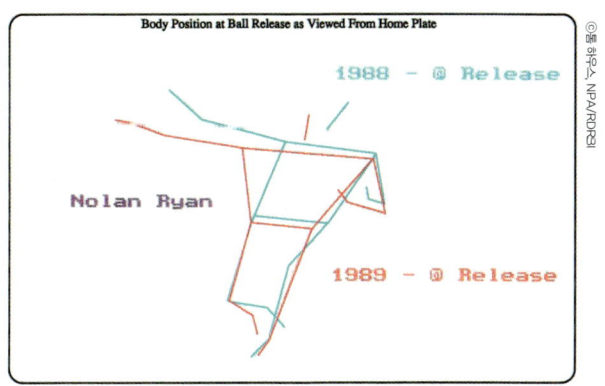

그림 1. 놀란 라이언의 릴리스포인트 시 투구 동작 비교

그림 1은 놀란 라이언의 릴리스포인트 시 투구 동작을 교정하기 전과 교정 후를 비교해 그린 그림이다. 파란 선으로 그려진 그림은 1988년 애너하임엔젤스 때의 투구 동작으로 교정 전의 모습을 나타낸 것이고, 빨간 선으로 그려진 그림은 1989년 텍사스레인저스 때의 투구 동작으로 머리의 위치를 약 7~8cm 교정했을 때의 모습을 나타낸 것이다. 두 그림을 비교해보면, 팔의 위치나 높이, 각도는 내려갔지만 상체 즉 몸통의 위치는 어느 한곳으로 무너지지 않고 목표인 포수로 향하고 있는 것을 알 수 있다.•

놀란 라이언 Nolan Ryan 통산 324승 292패, 방어율 3.19. 통산 탈삼진 숫자가 5714개에 달하는 전설적인 닥터K. 하지만 약했던 팀전력 때문에 패전이 많아 사이영상은 한 번도 수상한 적이 없었다. 통산 피안타율 역시 0.204에 불과해, 타자에겐 그야말로 '악몽' 과도 같았던 투수다. 7회의 노히트노런을 달성하였으며, 1999년 98.79퍼센트의 득표율로 명예의 전당에 입성함.

톰 하우스 Tom House 통산 29승 23패, 방어율 3.79. 메이저리그 경력은 8년밖에 되지 않는 투수지만, 그가 유명한 이유는 그의 이름을 딴 야구 클리닉 때문이다. 그의 클리닉은 많은 투수들을 슬럼프와 부진에서 벗어나게 도와줬으며, 그중엔 박찬호와 랜디 존슨 등이 있음.

• NPA/RDRBI에서 자료를 제공함.

🟡 로저 클레멘스

　이번에는 로저 클레멘스를 통하여 올바른 균형과 자세를 가지게 되면 어떠한 변화가 릴리스포인트에 일어나는지 알아보자. 사진 7은 로저 클레멘스의 투구 동작이 릴리스포인트로 오기 직전의 사진이다. 사진 7-A, B는 머리의 위치를 오른쪽에서 왼쪽으로 교정하기 전(7-A)과 교정 후(7-B)의 사진이다. 사진 7-A의 경우 머리의 위치가 흰색 선(포수와 일직선을 이루는 가상의 선)에서 약 14cm 정도 벗어나 있는 것을 볼 수 있다. 그로 인해 균형과 자세가 무너짐은 물론 두 눈의 평행선도 무너지고 말았다. 그와 달리 사진 7-B는 사진 안에서 보이는 흰색 선(포수와 일직선을 이루는 가상의 선)에 머리, 배꼽, 척추가 일직선이 되도록 교정한 것이다. 즉, 약 14cm 정도 머리의 위치를 오른쪽에서 왼쪽으로 교정하였다. 그로 인해 자연스럽게 올바른 균형과 자세를 갖춘 투구 동작이 되었다. 다시 설명하면 균형과 자세가 어느 한곳으로 무너지지 않은 채 목표인 포수를 향하여 똑바로 나오고 있는 모습을 볼 수 있다.

　이로 인해 릴리스포인트의 위치가 앞으로 당겨졌다. 사진 8을 비교해보면 더 정확히 알 수 있다. 사진 8-A는 교정하기 전의 릴리스포인트의 모습이고 사진 8-B는 교정 후의 릴리스포인트의 모습이다. 사진에서 보면 정확히 알 수 있듯이 투구 동작을 교정하고 난 후 약 2~3cm 정도 릴리스포인트가 앞에서 형성되는 모습을 볼 수 있다. 로저 클레멘스는 이런 교정을 통해 몸에 가해지는 무리는 줄이고, 구속은 빨라지는 효과를 봤다.

　연구 결과, 릴리스포인트를 각 개인이 가지고 있는 릴리스포인트보다 약 2~3cm 정도만 앞으로 당길 수 있으면 공의 속도는 약 3~4km/h 정도가 빨라지고, 타자가 느끼는 체감 속도 역시 약 3~4km/h 정도 빨라진다고 한다. 또한, 머리의 위치와 릴리스포인트의 관계를 연구한 결과, 머리의 위치가 중심에서 1cm가 벗어나거나 기울어지면 릴리스포인트는 2cm 뒤에서 형성된다는 중요한 사실이 밝혀졌다. 즉, 머리가 목표인 포수에서 벗어나는 정도의 두 배만큼 릴리스포인트는 뒤로 가게 된다는 것이다. 예를 들어 머리가 기준이 되는 중심에서 4cm 벗어나면 릴리스포인트는 8cm 뒤로 가게 된다.

사진 7. 정면에서 본 로저 클레멘스의 투구 동작 비교(7-A: 교정 전, 7-B: 교정 후)
사진 8. 측면에서 본 로저 클레멘스의 투구 동작 비교(8-A: 교정 전, 8-B: 교정 후)

로저 클레멘스Roger Clemens 별명 '로켓'. 통산 354승 184패, 방어율 3.12. 사이영상 7회 수상에 빛나는 명투수. 환상적인 몸 쪽 공과 '알고도 못 치는' 스플리터로 오랫동안 메이저리그를 평정했다. 하지만 몇 년 전 불거진 약물의혹 때문에 그동안 쌓아온 경력에 큰 오점을 남기게 된 선수.

• NPA/RDRBI에서 자료를 제공함.

투구 동작 분석의 틀

이제부터 본격적으로 투수의 투구 동작에 대하여 알아보자. 아주 오래전부터 투수의 투구 동작은 감독, 코치, 트레이너, 그리고 선수 들의 연구와 연습을 통해 효율적인 투구 동작으로 발전해왔고 지금도 여전히 발전해가고 있다. 최근에는 과학적 분석까지 더해지면서 더욱더 효율적인 투구 동작을 만들어가고 있다. 투구 동작에 대한 다양한 논의와 훈련 방법이 소개되고 있지만, 이러한 것들의 공통적인 목표는 두 가지로 정리될 수 있다.

첫째, 어떻게 하면 공을 던지는 순간 최대한의 힘을 실을 수 있을까?

둘째, 어떻게 던지면 부상 없이 오랫동안 선수생활을 할 수 있을까?

필자가 현재 공부하며 선수들을 지도하고 있는 NPA National Pitching Association, RDRBI Rod Dedeaux Research & Baseball Institute 역시 이 문제에 초점을 맞추어 연구하고 그것을 토대로 투수들을 훈련시키고 있다. 이 장에서는 NPA, RDRBI에서 사용하는 투구 동작 분석의 틀을 소개하고 이 틀을 통해 찾아낸 최적의 투구 조건에 대해 알아보고자 한다.

이곳의 연구 결과 중에서 한 가지 흥미로운 것이 있다. 그것은 바로 하나의 완벽한 투구 동작은 존재하지 않지만, 저마다에게 최적화된 투구 동작은 존재한다는 것이다. 인류는 약 100만 년 전부터 돌을 던지며 사냥을 해왔기 때문에 던지는 동작은 사람마다 유전적으로 몸속에 자연스럽게 내장되어 있으며 각자 타고난 생각, 능력, 체형이 다르기 때문에 누구에게나 적용할 수 있는 한 가지의 완벽한 투구 동작은 존재할 수 없다. 하지만 개인마다 다른 최적의 투구 동작은 존재한다. NPA, RDRBI는 사진 1의 3차원 동작분석 시스템을 통하여 개인마다 최적의 투구 동작을 찾아주는 것을 목표로 하고 있다.• 투구 동작 분석은 크게 두 부분으로 나누어져 있다. 하나는 키네매틱 시퀀싱 Kinematic Sequencing 운동역학으로 분석한 연속 동작을 분석하는 것이고, 또 하나는 타이밍 Timing 을 분석하는 것이다. 간략하게 이 둘을 정리하면, 키네매틱 시퀀싱 분석은 투구 시 몸에서 힘이 어떻게 전달되는가를 판단하는 것이고, 타이밍 분석은 투구 동작이 어떤 시점에 어떻게 연결되어 일어나는가를 판단하는 것이다. 본격적으로 이 두 가지 분석틀에 대해 살펴보도록 하자.

3차원 동작분석 시스템 세계적으로 3차원 동작분석 시스템을 이용하는 연구소는 다섯 곳밖에 되지 않는다. 이 다섯 곳의 연구소 중 유일하게 NPA, RDRBI만이 선수들의 기량 향상과 부상 방지를 위해 이 시스템을 이용하고 있다. 다른 연구소는 대부분 의학과 관련된 연구소로 주로 외상에 의한 몸의 스트레스를 측정하기 위해 이 시스템을 이용하고 있다.

• NPA/RDRBI에서 자료를 제공함.

사진 1. 3차원 동작분석 시스템 (3-D Motion Analysis)
　　　　바이콘피크 3D 동작분석기(Vicon Peak 3D Motion Systems)와 바이콘피크 3D의 동작분석 사진

🟡 키네매틱 시퀀싱

우선 키네매틱 시퀀싱의 사전적인 의미를 살펴보도록 하자. 키네매틱Kinematic은 '운동학(상)의' 이라는 의미를 가지고 있고, 시퀀싱Sequencing은 '연속적으로 일어나는'이라는 의미를 가지고 있다. 직역하면 키네매틱 시퀀싱은 '운동학상의 연속 동작' 정도로 생각할 수 있다. 좀더 정확하게 표현하면 '키네매틱 시퀀싱'이란 '운동역학으로 분석한 연속 동작'이라고 할 수 있다. 그러면 이 용어가 가지고 있는 정확한 의미는 무엇이며 투구 동작 분석에서 어떤 의미를 가지고 있는지 살펴보자. 앞에서도 간단히 언급했지만 '키네매틱 시퀀싱'은 투구 시 몸에서 힘이 어떻게 전달되는지를 판단하는 잣대이다. 바꾸어 이야기하면, 투구 동작 시 어떠한 순서로 힘이 전달되어야 가장 최적의 상태에 도달하는지에 대해 살펴보는 것이다. 여기서 자연스럽게 다음과 같은 질문을 떠올릴 수 있다. 그렇다면 어떤 모습이 최적의 상태라고 판단할 수 있는가? 이 질문에 대한 대답은 메이저리그에서 뛰었거나, 뛰고 있는 최고의 투수들을 분석함으로써 실증적으로 얻어졌다. 분석의 대상이 된 많은 훌륭한 투수들은 각기 자신만의 독특한 투구폼을 가지고 있었다. 그러나 이 투수들을 키네매틱 시퀀싱으로 살펴보았을 때는 이야기가 달라졌다. 모두 일정한 패턴을 가지고 있었다. 즉, 투구 시 힘은 엉덩이, 어깨, 팔꿈치와 팔 그리고 손과 공의 순서로 정확히 전달되고 있다는 것을 발견했다. 바로 이것이 투구 동작에서 힘을 최적으로 전달하는 비결이다.•

좀더 쉬운 예를 통해 이해를 돕고자 한다. 로켓이 발사된 후 순차적으로 분리되면서 우주로 힘차게 나아가는 모습을 보았을 것이다. 이때 각 단계가 정확히 수행되지 않거나 순서가 바뀌면 거의 재앙에 가까운 결과를 가져온다. 또다른 예로 계주의 경우를 생각해보자. 첫 주자가 정확하게 바통을 전달해주어야만 다음 주자가 그 속도를 이어받아 달려나갈 수 있게 된다. 하지만 첫 주자가 바통을 정확히 전달해주지 못한다면 달리는 속도가 이어지지 못하는 것은 물론 계주 전체를 망칠 수도 있다. 투수의 투구 동작도 마찬가지다. 정확한 순서로 힘이 전달되어야만 부상 없이 최대한의 힘을 가지고 공을 던질 수 있게 된다.

• NPA/RDRBI에서 자료를 제공함.

실제 분석할 때 사용되는 그래프를 통해 좀더 구체적으로 살펴보자. 그림 1은 메이저리그 최고의 투수 중 한 명인 그레그 매덕스의 키네매틱 시퀀싱 모습이다. 갑자기 그래프가 나와서 당황할 수도 있겠지만 차분히 설명을 보면 쉽게 이해할 수 있을 것이다.

우선 그래프의 두 축인 X축(수평축)과 Y축(수직축)에 대해 설명하도록 하겠다. X축은 시간의 흐름을 초 단위로 나타낸 것이다. Y축은 운동량의 크기를 나타낸 것으로 이 그래프에서는 '각속도' Angular Velocity 회전운동의 회전속도의 크기를 보여주고 있다. 그래프를 이해할 때 주의해야 할 점이 있다. Y축의 숫자가 X축(수평축)을 중심으로 위에는 +값이, 아래에는 −값이 표시되어 있다. 여기서 +/−는 회전속도의 크기와는 상관없는 값으로, 회전운동의 방향만 표시해주고 있는 점을 명심해야 한다. 오른손 투수가 투구할 때 몸은 대부분 반시계 방향으로 회전을 한다. 만약 시계 방향을 +로 정하면 반시계방향으로 회전하는 것은 −값을 가지게 된다. 예를 들어 −345라는 값은 반시계 방향으로 345의 크기를 가지고 회전함을 의미한다. 즉, −345와 +345는 회전속도는 같지만 다른 방향으로 이루어지는 회전운동을 나타내고 있는 것이다.

색이 다른 각각의 그래프는 몸의 각 부분의 움직임을 나타내고 있다. 빨간색 그래프는 엉덩이의 움직임을, 녹색 그래프는 어깨의 움직임을, 파란색 그래프는 팔꿈치와 팔의 움직임을 그리고 노란색

그림 1. 키네매틱 시퀀싱으로 분석한 그레그 매덕스의 투구 동작

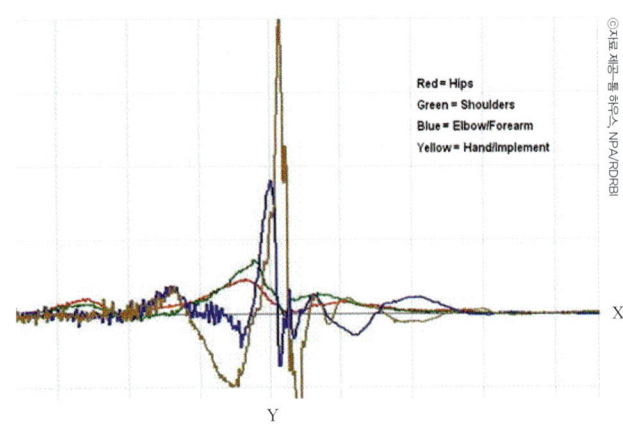

그래프는 손과 공의 움직임을 나타내고 있다. 그래프에서 주목할 부분은 각 그래프 최고점의 위치(X축 상)와 높이(Y축 상)이다. 가장 먼저 최고점에 다다른 그래프는 엉덩이의 움직임을 나타내는 빨간새 그래프이고, 이후 녹색 그래프(어깨), 파란색 그래프(팔꿈치/팔) 그리고 노란색 그래프(손/공)의 순서대로 최고점에 다다르게 된다. 또한 각 그래프 최고점의 높이는 앞의 순서대로 증가한다. 이것의 의미를 풀어서 설명하면 다음과 같다. 엉덩이 회전으로 얻어진 힘이 어깨에 전달되어 어깨의 회전속도를 높이고, 어깨 회전으로 얻어진 힘은 팔꿈치와 팔의 회전으로 이어져 그 회전속도를 높이고 마지막으로 팔꿈치와 팔의 회전으로 얻어진 힘은 손의 회전속도를 높인다. 즉, 마지막 손의 회전속도에는 엉덩이, 어깨, 팔꿈치와 팔의 회전속도가 모두 포함되어 있는 것이다. 이렇게 순서대로 힘이 전달되어야만 부상 없이 최대한의 힘을 가지고 투구를 할 수 있게 되는 것이다.

그림 2는 앞에서 언급한 내용을 완벽하게 보여주는 것으로, 최고의 프로골프 선수의 스윙을 키네매틱 시퀀싱으로 분석한 것이다. 회전운동에 기반한 스포츠 즉, 골프나 야구 종목의 선수들을 키네매틱 시퀀싱으로 분석하면, 훌륭한 선수들은 어김없이 앞에서 언급한 특징들을 보여준다. 그래프의 타원 안쪽에서 볼 수 있듯이, 각 그래프는 순차적으로 최고점을 이루며 그 최고점의 크기는 점점 더 커지는 것을 볼 수 있다.

그림 2. 키네매틱 시퀀싱으로 분석한 골프 스윙

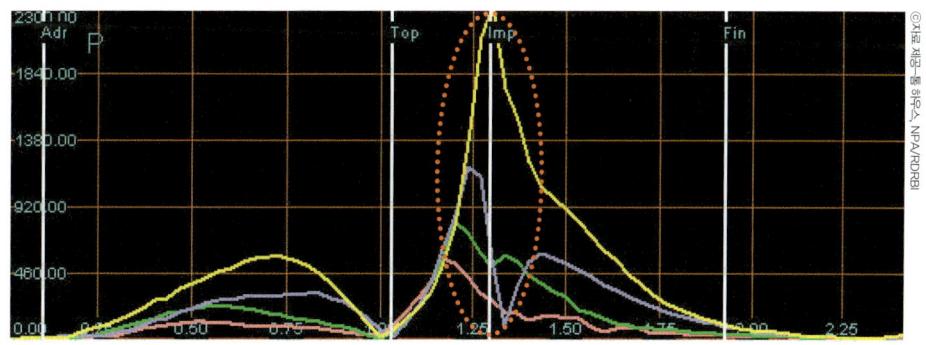

• NPA/RDRBI에서 자료를 제공함.

마지막으로 유소년 선수들의 경우 최적의 키네매틱 시퀀싱이 한 번에 자연스럽게 되는 투수들이 있는가 하면 아예 처음부터 오랫동안 안 되는 투수들도 있다. 대부분 이런 경우의 유소년 투수들은 몸의 힘이 부족하기 때문에 서두르지 말고 몸에 힘이 생길 때까지 기다리는 것이 더 효과적이다. 물론 투구 동작에 문제가 없었을 경우를 말하는 것이다.

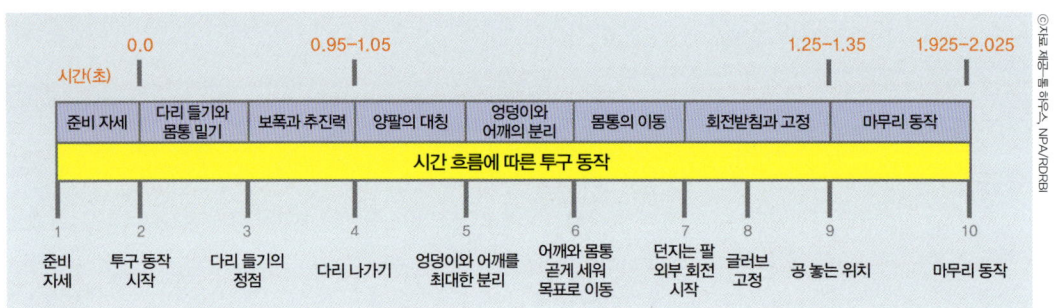

그림 3. 시간 흐름에 따른 투구 동작

🟡 타이밍

이번에는 '타이밍'에 대해 알아보자. 영어로 타이밍Timing은 '시간 조절 또는 빠르기 조절'이라고 설명되어 있다. 타이밍이 무슨 뜻인지 다들 알고 있을 것이다. 투수의 투구 동작에서 올바른 타이밍이란 적절한 시간에 적절한 동작이 일어나는 것을 의미한다.

그림 3을 보면 와인드업부터 다리를 들 때까지의 시간은 아무 상관이 없다. 그 후 다리를 들어 앞으로 나아가 땅에 닿을 때까지의 동작은 0.95초에서 1.05초 안에 이루어지는 것이 좋다. 또한 1.25초에서 1.35초 사이에 몸과 팔은 릴리스포인트에 와 있어야 한다. 마지막으로 1.925초에서 2.025초 안에 모든 투구 동작이 끝나야 한다.* 많은 사람들은 천천히 투구를 해야만 균형과 자세가 무너지지 않는다고 생각한다. 하지만 천천히 하면 할수록 나쁜 동작이 생길 확률이 많아지고 힘 또한 더 많이 소비하게 된다. 이에 대한 좀더 자세한 설명은 이후 각 투구 동작을 설명할 때 다시 정확히 하겠다.

투수 개인이 가지고 있는 신체조건의 차이에 따라 외형적인 투구 동작은 다르게 나타날 수 있다. 하지만 최고 투수의 투구 동작을 분석한 결과 키네매틱 시퀀싱과 타이밍은 모두 같거나 비슷했다. 즉, 개인마다 최적의 투구 동작을 찾을 수 있는 실마리를 얻게 될 것이다. 지금까지 설명한 키네매틱 시퀀싱과 타이밍 중 어떤 것이 더 중요하냐는 질문을 많이 받는다. 사실 이 질문은 어린아이에게 '엄마가 좋아? 아빠가 좋아?'라고 묻는 것처럼 당혹스럽다. 하지만 독자 여러분도 예상하듯이 이 질문에 대한 답은 이 두 가지가 조화롭게 이루어져야 최적의 투구폼을 가질 수 있다는 것이다.

키네매틱 시퀀싱과 타이밍의 내용을 잘 기억하면서 구체적인 투구 동작들을 배워보도록 하자. 최고 투수들의 각 투구 동작을 분석한 결과 역시 많은 공통점이 발견되었다. 그것을 토대로 투구 동작을 8가지 과정으로 나누어 설명하도록 하겠다.

* NPA/RDRBI에서 자료를 제공함.

01 와인드업과 퀵모션

Wind-Up and Quick Motion

투수의 투구 동작 중에서 가장 소홀히 다루어지고 있으나, 사실은 가장 중요하게 여겨야 할 부분이 바로 '투구 전 준비 자세'이다. 준비 자세는 투구 상황에 따라 기본적으로 와인드업Wind-Up과 퀵모션Quick Motion으로 나누어져 있다. 와인드업은 투수가 투구를 위해 투수판을 밟고 서 있는 동작부터 다리 들기 전까지의 모든 움직임을 말한다. 퀵모션은 주자가 있을 때 하는 투구 동작의 기본적인 준비 자세이며 퀵모션 역시 다리 들기 전까지의 모든 움직임을 말한다.

와인드업과 퀵모션을 세심히 신경 써서 다루어야 하는 이유는 다음과 같다. 투구란 일종의 연쇄반응Chain Reaction이라 할 수 있다. 즉, 한 동작이 다음 동작에 영향을 미치고, 또 그 동작이 다음 동작에 영향을 미치는 운동이다. 와인드업과 퀵모션은 투구라는 일종의 연쇄반응이 시작하는 시점이다. 이 시점이 되는 동작이 올바르지 못하면 이어지는 동작들이 비효율적이고 올바르지 못한 동작이 될 확률은 그만큼 커질 수밖에 없다. 즉, 투구 동작의 시작점인 와인드업과 퀵모션은 이후 이루어지는 투구 동작을 지배하며 투구의 질을 좌우하는 중요한 열쇠가 되는 것이다.

이제 와인드업과 퀵모션에서 어떻게 하면 올바른 균형과 자세를 갖출 수 있는지 좀더 구체적으로 살펴보자. 그리 어려운 동작은 아니지만 정확히 이해하는 것이 중요하다.

와인드업 Wind-Up

최근 들어 와인드업 자세를 가르칠 때, 이전처럼 하나의 정형화된 자세만을 강요하지 않고 선수 개인마다 최적화된 자연스러운 자세를 갖추도록 지도하고 있다. 그러나 이러한 다양성을 추구함에 있어서도 반드시 지켜야 하는 기본은 있다.

우선 머리, 척추, 배꼽은 일직선을 이루며 양발의 중앙에 위치시켜야 하고, 양발은 어깨너비를 중심으로 각 개인에 맞게 벌린다. 또한, 척추에 힘을 주어 몸과 머리가 다음 동작인 다리 들기 동작으로 이어질 때까지 흔들리지 않도록 해야 한다. 이때 무릎은 자연스럽고 편안하게 살짝 구부린다. 구부리는 정도가 과도하지 않게 주의하도록 한다. 사실 '자연스럽고 편안하게 살짝 구부린다' 라는 말은 참 모호한 표현이다. 오히려 확실하게 적정 각도를 구체적인 수치로 알려주면 더 편할 것이다. 그러나 선수들의 신체조건이 다르고 유연성에서 차이가 나기 때문에 하나의 기준을 강요하기보다는 선수 자신에게 맞는 최적의 자세를 찾는 것이 중요하다. 이렇게 살짝 구부린 무릎의 각도는 다음 자세인 다리 들기와 엉덩이 밀기 동작에서 머리가 위 아래로 움직이는 것을 막아주며, 몸이 포수를 향해 일직선으로 이동할 수 있게 도와준다.

사진 1. 봉중근, 페드로 마르티네즈, 요한 산타나, 존 스몰츠(시계 방향)의 와인드업 준비 자세

🟡 와인드업 준비 자세

사진 1은 봉중근, 페드로 마르티네즈, 요한 산타나, 그리고 존 스몰츠 선수가 저마다 약간씩 다른 모양으로 투수판을 밟고 서 있는 와인드업 자세이지만, 올바른 균형과 자세를 가진 와인드업 사진이다. 네 장의 사진에 각각 그려져 있는 화살표를 보면 머리, 척추, 배꼽이 일직선이 되어 양발의 중앙에 위치해 있고, 다리는 어깨너비로 벌리고 있음을 알 수 있다. 또한 척추에 힘을 준 상태에서 무릎을 자연스럽게 살짝 구부린 모습을 볼 수 있다. 와인드업 자세는 이 사진들 이외에도 다른 여러 가지 모양의 자세가 존재한다. 하지만 몸의 균형과 자세는 앞에서 설명한 내용이 반드시 지켜져야 한다.

요한 산타나 Johan Santana 현재 139승 78패, 방어율 3.20. 사이영상 2회 수상. 현역 투수 중 최고의 왼손 투수로 평가받고 있는 투수 중 하나이다. 위력적인 체인지업의 소유자로 특별한 부상만 없으면 명예의 전당 입성이 확실한 투수.

존 스몰츠 John Smoltz 현재 213승 155패, 방어율 3.33. 사이영상 1회 수상. 100년이 넘는 메이저리그 역사에서 유일하게 200승 150세이브 이상을 기록한 투수. 90마일 중후반대의 직구와 날카로운 슬라이더를 앞세워 통산 3084개의 삼진을 기록 중. 애틀랜타브레이브스의 전성기를 이끈 투수 3명 중 한 명으로 명예의 전당 입성이 확실한 투수.

🌕 와인드업부터 다리 들기까지의 연속 동작

　이번에는 와인드업 후 다리 들기 동작으로 이어지는 연속 동작에 대하여 알아보자. 사진 2는 와인드업부터 다리 들기까지 이어지고 있는 요한 산타나와 존 스몰츠의 연속 사진으로 각각 다른 와인드업 자세를 가지고 있지만 사진의 화살표를 보면 알 수 있듯이 두 투수 모두 처음 투수판을 밟고 있는 자세에서부터 다리 들기로 이어질 때까지 몸의 균형과 자세는 어느 한곳으로 무너지지 않고 있음을 볼 수 있다.

사진 2. 요한 산타나의 연속 동작

사진 2. 존 스몰츠의 연속 동작

사진 3. 올바르게 이어지고 있는 와인드업의 연속 동작
사진 4. 잘못 이어지고 있는 와인드업의 연속 동작

🟡 와인드업의 올바른 동작과 잘못된 동작

이제부터는 필자의 사진 3과 4를 통하여 올바른 와인드업에서부터 다리 들기 동작으로 이어지는 연속 동작과 올바르지 않게 이어지는 연속 동작을 비교해보자. 사진 3의 연속 사진은 와인드업부터 다리 들기까지 이어지는 올바른 모습이다. 사진의 화살표를 보면 알 수 있듯이 처음 와인드업 시의 균형과 자세, 즉 머리, 배꼽, 척추가 일직선인 상태를 유지한 채, 중심이 어느 한곳으로 무너지지 않고 다리 들기 동작으로 이어지는 것을 볼 수 있다.

다음에는 사진 4를 보자. 대부분의 투수들은 위의 사진 3-A와 아래의 사진 4-A처럼 올바른 와인드업 자세를 가지고 있다. 하지만 다리 들기로 이어지는 연속 동작에서 많은 과오를 범하게 된다. 더욱 세게 던지려는 욕심 때문에 정말 중요하게 여겨야 할 균형과 자세를 잠시 잊기 때문이다. 사진 4는 가장 일반적인 와인드업 후 다리 들기의 잘못된 동작이다. 화살표를 중심으로 살펴보면 중심이 좌우로 흔들리는 것을 볼 수 있다. 눈썰미가 뛰어난 독자는 이미 알아차렸겠지만 투구 동작이 진행되면 될수록 몸의 중심이 흐트러지는 정도가 점점 심해지는 것을 알 수 있을 것이다. 결국 와인드업에서 균형과 자세가 미세하게 흔들리면 릴리스포인트에서는 심각한 몸의 불균형을 초래할 수 있음을 알 수 있다.

각 개인의 다리 높이와 모양, 그리고 방향보다 더 중요한 것은 처음 와인드업 시 몸의 균형과 자세가 무너지지 않은 채 다리 들기 동작으로 이어지는 것이다.

퀵모션 Quick Motion

그러면 이번에는 주자가 있을 때의 투구 준비 동작인 퀵모션Quick Motion에 대하여 알아보자. 우리나라에서는 퀵모션을 세트포지션Set Position이라고도 부른다. 참고로 미국에서는 스트레치Stretch라고도 부른다.

그러면 퀵모션의 균형과 자세에 대하여 알아보자. 기본적으로 퀵모션의 균형과 자세는 와인드업과 같다. 다만 다리를 어깨너비로 벌리는 것이 좋다. 다리를 너무 넓게 벌리거나, 너무 좁게 벌리게 되면 안정감이 없어지기 때문이다. 또한 와인드업과 마찬가지로 무릎을 살짝 구부리고 서 있는 것이 꼿꼿이 서 있는 것보다 힘을 더 쓸 수 있으므로 무릎을 살짝 구부리고 서는 것이 좋다. 참고로 주자가 없을 때에도 와인드업보다 퀵모션이 편안한 투수는 굳이 와인드업을 해서 던질 필요는 없다.

사진 5. 요한 산타나와 박찬호의
퀵모션 준비 자세

사진 5의 요한 산타나, 박찬호, 그리고 마리아노 리베라의 사진을 보면 알 수 있듯이 퀵모션의 균형과 자세도 와인드업과 같다. 몸의 중심선인 빨간색 화살표를 따라서 머리, 척추, 배꼽이 일직선을 유지하며 양발 중앙의 위치에 서 있고, 발은 어깨너비로 벌려 안정적인 자세를 유지하며, 상체는 척추에 힘을 주어 살짝 구부린다. 또한 무릎 역시 살짝 구부린다. 이것이 가장 이상적인 퀵모션의 균형과 자세이다.

마리아노 리베라 Mariano Rivera 현재 76승 58패, 방어율 2.21. 1995년 데뷔 후 지금까지 뉴욕양키스의 마무리로 뛰었다. 묵직한 직구와 그만의 상징적인 커터로 현재까지 608세이브를 기록 중이다(통산 1위). 통산 피안타율이 0.210에 불과할 정도로, 마지막 이닝만큼은 확실하게 막아준 뉴욕양키스의 '수호신'.

사진 5. 마리아노 리베라의 퀵모션 준비 자세

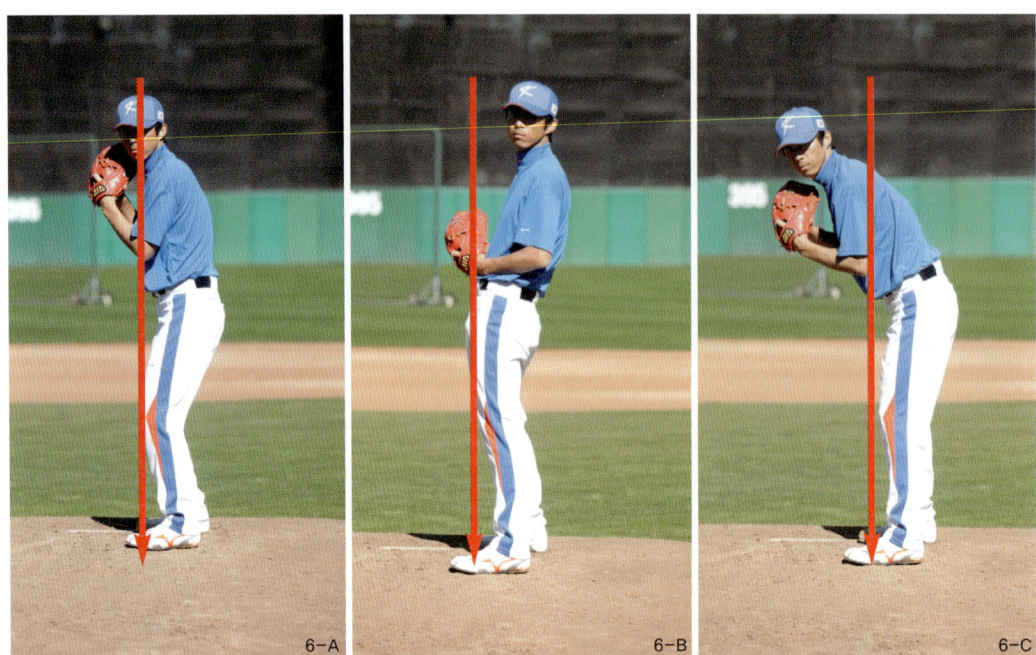

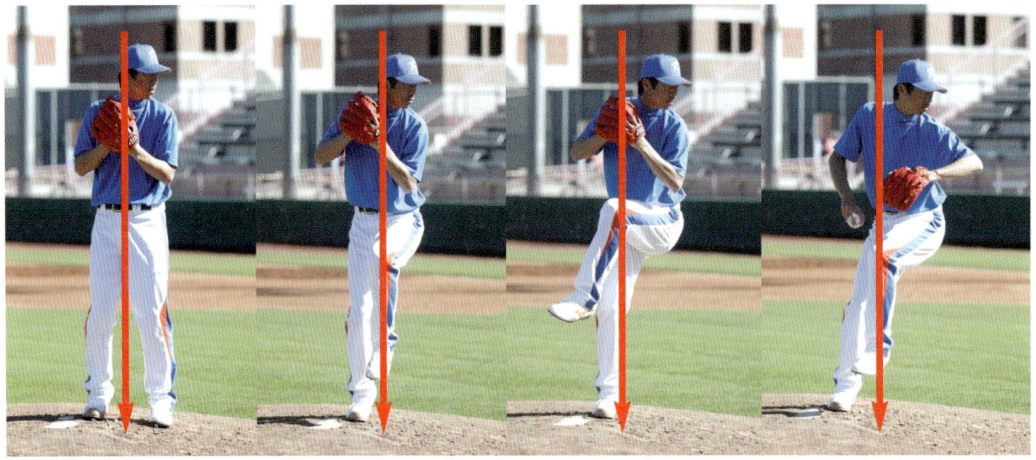

사진 6. 올바른 퀵모션 준비 자세(6-A)와 잘못된 퀵모션 준비 자세(6-B, 6-C)
사진 7. 잘못된 퀵모션 연속 동작

🔵 올바른 퀵모션 준비 자세와 잘못된 자세

사진 6을 비교해보자. 사진 6-A는 가장 올바르게 서 있는 퀵모션 준비 자세이다. 하지만 사진 6-B, C는 대표적으로 잘못된 퀵모션 동작을 보여주고 있다. 사진 속의 화살표는 몸의 중심선을 나타내는 것이다. 사진 6-B, C를 보면 몸이 중심선(빨간색 화살표) 밖으로 많이 벗어나 있는 것을 볼 수 있다. 즉 몸의 균형과 자세가 올바르지 않다는 것을 의미한다. 이는 다음에 이어지는 다리 들기 동작의 균형과 자세를 무너뜨림과 동시에 빠른 투구 동작을 할 수 없게 만드는 요인이 된다.

많은 투수들이 퀵모션의 준비 자세 후 다리 들기 동작으로 이어지면서 균형과 자세가 무너지는 모습을 종종 볼 수 있다. 그 이유는 다음과 같다. 모든 투수들이 퀵모션을 빨리하려고만 하기 때문이다. 그로 인해 대부분의 투수들은 균형을 잃어버리고 만다. 올바른 균형과 자세를 갖추게 되면 자연스럽게 개인에게 맞는 더 빠른 퀵모션 동작이 만들어진다. 퀵모션을 너무 빨리하려고 하면 균형을 잃어버리기 때문에 오히려 투구 동작이 더 느려지게 된다.

사진 7은 올바른 퀵모션 준비 자세였지만 투구 동작을 빨리하려 했기 때문에 다리 들기 동작으로 이어질 때 투구 동작이 무너지는 것을 보여주고 있다. 사진 안의 빨간색 화살표를 보면 더 쉽게 이해할 수 있을 것이다.

02 다리 들기와 엉덩이 밀기

Leg Lift and Hip Thrust

이번 장에서는 와인드업과 퀵모션에 이어지는 투구 동작인 다리 들기와 엉덩이 밀기에 대하여 알아보도록 하자. 다리 들기Leg Lift는 미국에서 사용되고 있는 용어이고, 한국에서는 다리 들기 또는 킥킹Kicking이라고 부르고 있다.

다리 들기 동작도 투구 전 준비 자세와 마찬가지로 소홀히 다루어지고 있는 투구 동작 중 하나이다. 또한 다리 들기 동작 후 바로 이어지는 동작인 엉덩이 밀기 동작은 더욱더 소홀히 다루어지고 있다. 지금까지 우리는 릴리스포인트에만 너무 많은 신경을 써왔기 때문이다. 그러다보니 자연스럽게 이런 투구 동작들의 중요성을 간과할 수밖에 없었다. 하지만 준비 자세와 같이 다리 들기와 엉덩이 밀기의 동작을 소홀히 여겨서는 바르고 정확한 투구 동작을 만들어낼 수가 없다. 투구란 여러 동작들이 연쇄적으로 이루어지기 때문에, 투구 시작 동작이 잘못되면 이어지는 다음 투구 동작들이 제대로 이루어지지 않아 결국에는 릴리스포인트에 큰 영향을 미치게 된다. 이러한 중요성 때문에 투구 동작의 시작이나 마찬가지인 다리 들기와 엉덩이 밀기 동작을 올바르게 배우고 이해한 후 다음 동작으로 넘어가야 한다. 그리 어려운 동작들이 아니므로 조금만 신경 써서 노력한다면 좋은 자세를 갖추게 될 것이다.

다리 들기 Leg Lift

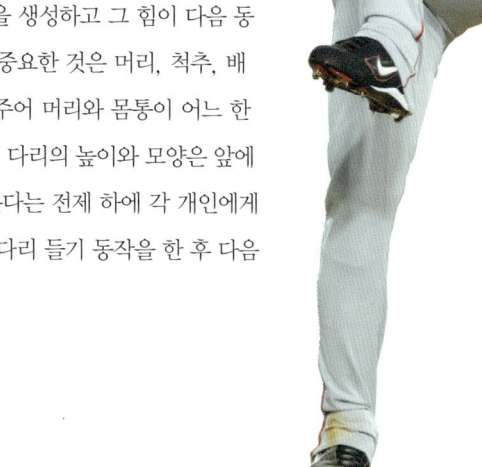

우선 올바른 다리 들기에 대하여 알아보도록 하자. 올바른 다리 들기란 준비 자세인 와인드업과 퀵모션의 균형과 자세를 유지 하면서, 다리는 글러브와 손이 만나는 곳 또는 2루 베이스 방향이라면 어느 곳이든 상관 없으며, 가능하면 다리를 힘차게 높이 들면 된다. 이렇게 힘차게 높이 다리를 드는 이유는 투구 동작에 있어 힘을 생성하고 그 힘이 다음 동 작으로 이어질 수 있도록 하기 위함이다. 이때 중요한 것은 머리, 척추, 배 꼽이 일직선인 상태를 유지하며, 척추에 힘을 주어 머리와 몸통이 어느 한 곳으로 무너지거나 흔들리지 않게 하는 것이다. 다리의 높이와 모양은 앞에 서 설명한 것처럼 균형과 자세가 무너지지 않는다는 전제 하에 각 개인에게 맞는 편안한 자세로 힘차게 들면 된다. 이렇게 다리 들기 동작을 한 후 다음 동작인 엉덩이 밀기로 이어간다.

사진 1. 페드로 마르티네즈의 다리 들기

일본 투수들에게서 많이 볼 수 있는 투구 동작으로 다리를 들고 난 후 잠시 또는 완전히 멈추었다가 던지는 경우가 있다. 이 투수들은 자신들의 이런 투구 동작이 균형과 자세를 바로 잡기 위한 것이라고 설명한다. 하지만 이러한 투구 동작이 그리 바람직한 것은 아니다. 앞에서 설명한 것처럼 처음부터 올바른 균형과 자세를 유지하면서 다리 들기를 하게 되면 균형과 자세가 무너질 일이 없기 때문이다. 또한 다리를 드는 동작은 힘을 생성함과 동시에 그 힘을 투구 동작 전체에 전달하기 위함인데, 이처럼 다리를 들고 동작을 멈추면 생성된 힘이 소멸되어 그만큼 힘 있는 투구가 힘들어진다. 즉, 투구 동작에 있어 다리를 들어올릴 이유가 없는 것이다. 물론 태어날 때부터 가지고 있는 신체조건이나 능력이 다르기 때문에 다리를 들고 멈추는 동작을 하는 투수들도 있다. 이런 경우는 어쩔 수 없는 것이라 생각하지만, 멈추고 던지는 것보다는 바로 던지는 것이 더욱 효율적이고 효과적임은 분명하다.

참고로 유소년 투수들의 투구 동작에서도 일본 투수들이 보여주는 정지 동작을 종종 볼 수 있다. 유소년 투수들의 경우 이런 투구 동작은 주로 근력 부족으로 인해 나타난다. 다리 들기 후 다음 투구 동작으로 이어갈 수 있는 힘이 없기 때문에 다리를 들고 잠시 멈추거나 완전히 멈추고 다음 투구 동작을 하는 것이다. 종종 이것이 습관이 되어 성장을 한 후에도 같은 방법으로 공을 던지곤 한다. 유소년 투수들의 경우 이러한 동작을 무리하게 고치기보다는 우선 몸의 힘이 길러질 때까지 기다려주는 것이 좋다. 특히 몸이 급성장을 한 경우, 자신의 몸을 제어할 힘이 부족하기 때문에 이 시점에서 무리하게 투구 동작을 개선하게 되면 어린 선수들의 몸에 좋지 않은 영향을 미칠 수 있다.

메이저리거들의 다리 들기

사진 1은 페드로 마르티네즈(p.60), 그레그 매덕스, 로이 오스왈트, 요한 산타나 그리고 랜디 존슨의 투구 동작 중 다리 들기 모습을 보여주는 사진이다. 야구를 좋아하는 사람이면 이미 잘 알겠지만, 이 다섯 명의 투수는 메이저리그를 대표하는 투수들이다. 다섯 투수들은 모두 명예의 전당에 들어갈 만한 기록을 갖추고 있다. 특히 로이 오스왈트와 요한 산타나는 다른 투수들에 비해 짧은 경력에도 불구하고 이미 명예의 전당에 들어갈 수 있는 기록을 갖추었다.

다섯 명 모두 훌륭한 투구 동작을 보여주고 있지만, 굳이 이 중에서 최고를 꼽자면 최대한의 힘으로 가장 올바르게 다리를 들고 있는 페드로 마르티네즈라 할 수 있다. 그레그 매덕스의 경우 상대적으로 다리를 높이 들고 있지는 않지만, 다리를 들었을 때 몸의 균형과 자세가 올바르기 때문에 정확한 제구력을 가질 수 있게 된 것이다. 이 다섯 투수가 다리를 든 모습을 보면 준비 자세의 균형과 자세가 무너지지 않은 채 다리를 들고 다음 동작을 준비하고 있음을 알 수 있다. 다시 말해 머리, 척추, 그리고 배꼽이 일직선이 되어 몸이 흔들리지 않고 다리를 든 후 다음 동작을 준비하고 있다는 말이다. 또한 다리는 손과 글러브가 모아져 있는 곳 또는 2루 베이스 방향으로 들고 있는 것을 알 수 있다. 이들 모두 이러한 올바르고 정확한 다리 들기 동작을 가지고 있기 때문에 좋은 투구를 할 수 있게 되었고 오랫동안 큰 부상 없이 야구를 하고 있다.

로이 오스왈트 Roy Oswalt 현재 163승 96패, 방어율 3.28. 10년간 휴스턴애스트로즈에서만 뛴 명실상부한 에이스. 투수치고는 그리 크지 않은 체구(182cm, 86kg)임에도 불구하고 뛰어난 성적을 올려 '백인 페드로 마르티네즈(일명 White Pedro)'라는 별명도 갖고 있다. 투구 사이의 인터벌이 짧은 투수로 유명함.

명예의 전당 Hall of Fame 뉴욕 주에 있는 쿠퍼스 타운에서는 매년 야구선수로서 성적 외 많은 업적을 남긴 선수를 명예의 전당에 입성시킨다. 명예의 전당의 모토는 'Preserving History(역사를 보존하고), Honoring Excellence(뛰어난 성적을 존경하며), Connecting Generations(세대와 세대를 이음)'이다. 현역으로 10년 이상 뛰었어야 하며, 은퇴 후 5년이 지나야 득표 자격이 주어진다. 대부분의 투수 헌액자는 300승 이상, 타자의 경우에는 3천 안타 이상이 입성 조건이다. 전미야구기자협회(BBWAA)에 가입된 기자들의 투표에 의해 결정되며, 75퍼센트 이상의 득표율을 기록해야 된다. 이때, 야구선수로서의 성적 외에도 사회공헌도, 그리고 사생활의 청렴도 역시 투표 시 많은 영향을 끼침.

사진 1. 다리 들기.
그레그 매덕스,
로이 오스왈트,
요한 산타나,
랜디 존슨 (시계 방향)

공의 속도를 높이는 다리 들기

앞에서 본 다섯 장의 사진이 기본적인 다리 들기 모양을 보여주는 사진이었다면 다음 사진 2는 다리를 좀더 높게 든 투수들의 사진을 보여주고 있다. 사진 속의 주인공은 놀란 라이언과 트레버 호프만이다. 이 투수들은 메이저리그의 다른 투수들과 비교해보았을 때 다리를 상당히 높게 드는 축에 속한다. 여기서 중요한 것은 다리를 높게 들더라도 균형과 자세는 무너지지 않고 있다는 점이다. 이 둘의 또 하나의 공통점은 전성기에 빠른 공을 던졌다는 점이다. 이러한 빠른 공은 높은 다리 들기 자세에서 시작되었다고 해도 큰 무리가 없을 것이다.

맨 처음 다리 들기를 설명할 때 가능한 힘차게 높이 드는 것이 올바른 다리 들기라고 하였다. 그 이유는 다리를 높고 힘차게 드는 것이 공의 속도를 높이는 데 도움을 주기 때문이다. 놀란 라이언은 1998년에 다음과 같은 말을 한 적이 있다. "다리를 높게 들었을 때 나는 공을 더 빠르게 던질 수 있었다(I throw harder when I lift my leg higher)."

트레버 호프만Treavor Hoffman 현재 61승 75패, 방어율 2.87. 601 세이브. 통산 세이브 1위의 투수다. 높은 킥을 하는 특이한 투구 동작을 갖고 있다. 직구 구속은 현재 80마일 후반으로 평범하지만, 리그에서 손꼽히는 체인지업과 곁들여져 마지막 이닝을 완벽하게 책임지는 독보적인 마무리 투수.

사진 2. 놀란 라이언과 트레버 호프만의 다리 들기

사진 3-A. 올바른 다리 들기

🟡 올바른 다리 들기와 잘못된 다리 들기

사진 3-A는 올바른 다리 들기 모습을 보여주고 있다. 하지만 사진 3-B는 다리를 들면서 균형과 자세가 무너진 모습이다.

사진과 같이 다리 들기를 할 때 균형과 자세가 어느 한쪽으로 무너지게 되면 다음으로 이어지는 투구 동작에 나쁜 영향을 주어 올바른 투구 동작을 할 수 없게 된다.

사진 3-B. 잘못된 다리 들기

엉덩이 밀기 | Hip Thrust

　이번에는 엉덩이를 밀고 나가는 동작에 대하여 알아보자. 이 투구 동작은 다리 들기에 이어지는 다음 투구 동작으로, 다리나 몸이 아닌 엉덩이가 먼저 움직여서 나가기 때문에 엉덩이 밀기라고 설명하고 있다. 이 동작을 설명하는 이유는 이 동작의 완성도와 공의 속도가 밀접한 관련이 있기 때문이다. 즉, 이 동작을 정확하고 올바르게 할수록 투구의 속도가 증가한다. 특히 체구가 작거나 몸이 왜소한 사람이라면 구속 증가를 위해 더 정확하고 올바른 동작이 필요하다. 참고로 이 동작을 미국에서는 'Hip Thrust(엉덩이 밀기)'라는 말로 설명하고 있다.

　사실 다리 들기 동작과 마찬가지로 엉덩이 밀기 동작 역시 우리나라에서는 그렇게 중요하게 생각하지 않고 있다. 아니 아예 이 투구 동작에 대한 관심이 없다고 하는 것이 더 맞는 표현일 수도 있다. 물론 한국의 프로 투수들 가운데서도 엉덩이 밀기 동작을 올바르게 하는 경우를 찾아볼 수 있다. 하지만 유소년 또는 청소년 투수들에게서는 제대로 된 엉덩이 밀기 동작을 찾아보기가 쉽지 않다. 그로 인해 더 낼 수 있는 공의 속도를 최대한 이끌어내지 못하는 경우를 많이 봐왔다. 지금까지 투구 동작을 지도하는 데 있어 이 동작이 간과되어왔지만, 앞으로 큰 관심을 가지고 지도해야 할 부분이라 생각한다.

필자가 이 투구 동작을 가르치다보니 다리를 들다 말고 엉덩이를 먼저 밀고 나가는 경우를 많이 볼 수 있었다. 중요한 것은 다리 들기가 각 개인의 정점에 올라간 후 엉덩이가 먼저 움직여서 밀고 나가야 한다는 것이다. 엉덩이를 밀고 나가기 시작할 때부터 다리가 땅에 닿을 때까지의 동작은 약 0.95초에서 1.05초 안에 이루어지는 것이 좋다.* 일반적으로 다리를 든 후 엉덩이를 밀고 나가 다리가 땅에 닿을 때까지의 동작을 천천히 해야만 나쁜 동작이 생기지 않고 올바른 균형과 자세를 유지할 수 있다고 생각한다. 하지만 다리를 든 후 빠르게 엉덩이를 밀고 나가 다리가 땅에 닿게 되면 오히려 나쁜 투구 동작이 생길 확률이 그만큼 줄어들 뿐만 아니라, 다리 들기로 인해 형성된 힘을 다른 곳으로 소비하지 않고 다음 투구 동작으로 이어갈 수 있게 된다.

엉덩이 밀기 동작은 연습을 통하여 충분히 빠르게 할 수 있다. 다만 연습을 할 때 각 개인의 학습 능력의 차이에 따라 두 가지 방법 중 한 가지를 선택해서 연습을 하는 것이 좋다. 첫 번째 방법은 각 개인의 균형과 자세를 정확히 만든 후 점점 빠르게 연습해서 1초 안에 다리가 땅에 닿게 하는 방법과 두 번째로는 모든 투구 동작을 빠르게 해서 그 투구 동작에 맞는 균형과 자세를 찾는 방법이다. 모든 투수가 다 연습을 통해서 정확한 균형과 자세를 1초 안에 다리를 땅에 떨어뜨릴 수 있는 것은 아니다. 사람마다 선천적으로 가지고 태어난 신체적 조건과 능력이 다르기 때문이다. 하지만 좀 더 빠르게 다리를 떨어뜨릴 수 있다면 나쁜 동작을 줄이고 투구 속도를 높이는 데 더욱 효과적임은 분명하다.

* NPA/RDRBI에서 자료를 제공함.

🟡 엉덩이 밀기의 이상적인 예

다음 사진 4는 엉덩이 밀기 동작의 이상적인 모습을 보여주고 있는 오렐 허샤이저와 마리아노 리베라의 사진이다. 어떻게 보면 다리가 먼저 내려온 후 엉덩이가 나가는 것처럼 보이지만, 사실은 엉덩이가 먼저 움직이고 그 뒤에 다리가 내려가면서 나가는 모습의 사진이다. 사진 속의 빨간색 화살표를 보면 알 수 있듯이 몸의 균형과 자세는 어느 한곳으로 치우지지 않고 다리 들기 동작을 유지한 채 엉덩이 밀기 동작을 하고 있다. 이때 엉덩이는 두 발에서 그 이상의 크기까지 밀고 나가는 것이 좋다. 사진 속의 흰색 화살표를 보면 알 수 있을 것이다.

"상체나 다리가 먼저 움직여서 나아가는 것이 아니라 엉덩이가 먼저 움직여서 나아가는 것이다."

오렐 허샤이저 Orel Hershiser 통산 204승 149패, 방어율 3.48. 사이영상 1회 수상. 리그 정상급의 싱커를 던졌다. "포수와 내가 투구를 결정하면 그뿐이다. 나는 다음 게임, 다음 이닝, 다음 타자, 어느 것도 생각하지 않는다. 단지 지금 던질 투구에만 전념한다"라는 명언으로도 유명한 투수. 59이닝 연속 무실점 기록도 갖고 있음.

사진 4. 오렐 허샤이저, 마리아노 리베라의 엉덩이 밀기

사진 5. 요한 산타나, 마리아노 리베라의 엉덩이 밀기 연속 동작

🟡 균형과 자세를 유지한 채 나가는 엉덩이

　사진 5는 다리를 든 후 엉덩이가 나가는 모습을 보여주는 요한 산타나와 마리아노 리베라의 연속 사진이다. 사진을 보면 알 수 있듯이 다리의 균형과 자세가 무너지지 않은 채 각 개인의 정점까지 든 후 엉덩이가 먼저 리드해 나아가고 있다. 사진 속의 빨간색 화살표를 보면 쉽게 이해할 수 있을 것이다.

　처음의 균형과 자세를 유지한 채 나아가는 것이 매우 중요하다.

사진 6은 우리나라 투수들의 올바른 엉덩이 밀기 동작이다. 사진 6의 선동렬, 송진우, 김광현 그리고 윤석민 선수를 보면 알 수 있듯이 다리 들기 동작의 균형과 자세가 무너지지 않은 채 엉덩이를 밀고 나가는 모습을 볼 수 있을 것이다.

사진 6. 우리나라 투수들의 엉덩이 밀기. 선동렬, 송진우, 김광현, 윤석민

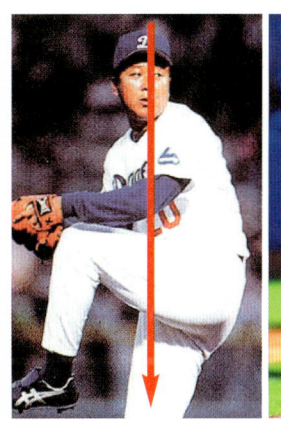   

◯ 올바른 엉덩이 밀기와 잘못된 엉덩이 밀기

다음 사진 7은 올바른 엉덩이 밀기와 잘못된 엉덩이 밀기 동작을 보여주고 있다. 사진 7-A-1, 7-B-1, 그리고 7-C-1의 사진은 모두 다리 들기 동작이 올바르게 된 것을 알 수 있다. 그러나 7-B, C의 경우 엉덩이 밀기 동작이 진행되면 될수록 몸의 균형과 자세가 무너지는 것을 볼 수 있다. 사진 7-B의 경우 엉덩이 밀기 동작이 제대로 되지 않아 몸이 앞으로 심하게 기울어지는 것을 볼 수 있다. 반면 사진 7-C의 경우 과도한 엉덩이 밀기로 인해 상체가 뒤로 심하게 무너진 모습을 보이고 있다. 사진 7-B, C에서 보이는 엉덩이 밀기 동작을 할 경우 다음으로 이어지는 투구 동작에 심각한 악영향을 미치게 된다.

사진 7. 올바른 엉덩이 밀기(7-A)와 잘못된 엉덩이 밀기(7-B, 7-C) 연속 동작

02 다리 들기와 엉덩이 밀기

🟡 아시아권 투수들에게서 많이 볼 수 있는 잘못된 엉덩이 밀기 연속 동작

마지막으로 사진 8은 아시아권 투수들에게서 많이 볼 수 있는 잘못된 엉덩이 밀기 동작이다. 사진을 보면 알 수 있듯이 다리가 먼저 내려온 후 엉덩이가 나가는 것을 볼 수 있다. 이럴 경우 다리 들기를 통해 만들어진 힘이 목표인 포수 방향으로 온전히 전달되지 못하고 아래쪽으로 분산되어 다음으로 이어지는 투구 동작에 힘을 온전히 실을 수 없게 된다.

사진 8. 잘못된 엉덩이 밀기 연속 동작

03 스트라이드와 추진력

Stride and Momentum

이번에 설명할 투구 동작은 스트라이드Stride이다. 스트라이드를 한글로 번역하면 '보폭'이 된다. 말 그대로 스트라이드는 투구 동작에서 발을 내딛는 것을 의미한다. 좀더 구체적으로 설명하면, 투수가 다리를 든 후 엉덩이로 밀고 나가는 동작에 이어지는 움직임으로, 디딤발을 포수 방향으로 내딛는 것을 의미한다. 우리나라에서도 영어인 '스트라이드Stride'라는 단어를 자연스럽게 쓰기 때문에 앞으로 이어지는 책의 내용에서는 보폭이라는 말 대신 스트라이드라는 용어를 사용하도록 하겠다. 현재 한국에서는 스트라이드에 관한 의견이 분분하다. 스트라이드의 크기는 어느 정도로 해야 하는지, 발이 땅에 떨어질 때 어떤 순서로 이루어져야 하는지, 땅에 떨어지는 발의 모양은 어떻게 되어야 하는지 등 스트라이드에 대해 하나로 일치하는 견해가 없으며 다양한 생각들이 존재한다. 필자가 앞으로 설명하려는 스트라이드에 관한 내용이 기존의 혼란을 더욱 가중시키지 않을까 하는 걱정도 있지만, 필자의 견해가 이 혼란을 해결할 수 있는 단초를 제공할 수 있다는 희망 또한 가져본다.

스트라이드 Stride

올바른 스트라이드는 다리를 든 후 몸의 균형과 자세가 무너지지 않은 상태에서 다리가 땅에 닿는 것을 기본으로 한다. 다시 말해 와인드업이나 퀵모션의 균형과 자세가 무너지지 않은 채 스트라이드가 이루어져야 하며 몸통은 양발의 중앙 또는 약간 뒤쪽에 위치해야 한다. 스트라이드는 개인의 근력과 유연성이 허락하는 한도 내에서 최대한 빠르게 멀리 나가는 것이 좋다. 대략 본인의 발 크기로 재었을 때 여섯 발 반에서 일곱 발 정도의 크기가 가장 이상적이다. 물론 어떤 선수들은 이렇게 하면 균형과 자세가 무너져 투구가 힘들 것이다. 이런 이유로 예전에는 과도한 스트라이드는 피해야 한다고 했다. 그러나 근력과 유연성을 기른다면 스트라이드를 넓힐 수 있다. 스트라이드가 꼭 여섯 발 반이나 일곱 발이 될 수 없더라도, 다섯 발 크기의 스트라이드를 가진 선수가 근력과 유연성을 기른다면 다섯 발 반 크기로 스트라이드를 충분히 넓힐 수 있다. 그렇다면 왜 스트라이드를 넓고 빠르게 하라고 하는 것인가? 넓고 빠른 스트라이드는 매우 중요한 두 가지 장점을 가지고 있기 때문이다.

사진 1. 그레그 매덕스(위)와 놀란 라이언의 스트라이드 비교(아래)

082

🎾 스트라이드는 공의 속도와 관련이 있다

스트라이드를 넓게 하면 할수록 타자에게 던지는 거리가 그만큼 가까워진다. 던지는 거리가 가까워지면 자연스럽게 구속이 증가한다. 같은 힘으로 50m, 100m에서 각각 공을 던지면 당연히 50m에서 던진 공의 속도가 빠를 것이다. 스트라이드를 넓히면 실질적인 구속 증가와 함께 타자가 느끼는 체감속도 또한 증가한다. 같은 공을 던지더라도 타자에게 좀더 가까이 가서 던질 경우 공을 볼 수 있는 시간이 줄어들어 훨씬 위력적인 공이 될 수 있다.

사진 1은 메이저리그에서 300승 이상을 한 그레그 매덕스와 놀란 라이언의 스트라이드 모습이다. 두 투수 모두 빨간색 화살표를 따라 머리, 척추, 배꼽이 일직선인 상태를 유지하며 몸은 양발의 중앙에 위치해 있다. 즉, 처음 준비 자세에서 만든 균형 잡힌 자세를 다리 들기와 스트라이드 동작까지 정확하게 유지하고 있다. 하지만 그레그 매덕스의 경우 스트라이드의 너비가 놀란 라이언보다 좁기 때문에 공의 속도가 놀란 라이언보다 떨어지는 것이다. 물론 두 투수의 구속 차이가 단순히 스트라이드의 차이에서만 오는 것은 아니다. 팔의 근력, 몸통 회전력 등 많은 요소들이 복합적으로 구속을 결정하기 때문에 두 선수의 구속 차이가 전적으로 스트라이드 차이에서 온다고 할 수는 없다. 그러나 두 투수의 구속 차이를 설명하는 데 스트라이드의 너비는 영향력이 큰 요소라 할 수 있다.

🏐 스트라이드는 투구 동작의 효율성을 높여준다

빠른 스트라이드는 힘의 분산을 막아 투구 동작의 효율성을 높여주는 장점이 있다. 만약 천천히 스트라이드를 내딛는다면 스트라이드를 지탱하는 버팀발은 빠르게 스트라이드를 내딛을 때보다 훨씬 더 많은 힘이 필요하게 된다. 한두 개의 투구는 큰 문제가 되지 않겠지만, 80개에서 100개 이상의 공을 던지게 될 경우 이야기는 달라진다. 느린 스트라이드는 버팀발의 피로를 가중시키게 되고, 그렇게 되면 스트라이드를 내딛을 때 만들어지는 힘이 전적으로 투구에 실리지 못하고 일부는 다리를 지탱하는 힘으로 분산된다. 이처럼 힘이 분산되면 투구 동작의 효율성을 떨어뜨리는 큰 요인이 된다. 느린 스트라이드는 빠른 스트라이드보다 비효율적인 투구 동작이 생길 확률이 높다.

체구가 작은 투수가 빠른 공을 던지기 위해서는 이런 스트라이드의 장점을 적극 활용해야 한다. 예외는 있지만, 일반적으로 신체의 크기와 힘의 크기는 비례한다고 말할 수 있다. 즉, 체형이 작은 사람은 체형이 큰 사람에 비해 선천적으로 힘이 떨어질 수밖에 없다. 이러한 단점을 보완하기 위해서는 투구 동작에서 만들어지는 힘이 한 치의 분산 없이 효율적으로 공에 전달되어야 한다. 이를 위해 빠른 스트라이드로 강한 추진력을 얻어 공의 속도를 높여야 한다. 로이 오스왈트와 팀 린스컴

사진 2. 로이 오스왈트의 스트라이드

의 투구 동작을 떠올리면 쉽게 이해할 수 있을 것이다.

사진 2는 작은 체형에도 불구하고 메이저리그 최고의 투수로 평가받는 로이 오스왈트와 팀 린스컴의 스트라이드 모습이다. 두 투수 모두 최대한 힘차게 가능한 멀리 스트라이드를 내딛는 모습을 볼 수 있다. 이렇게 힘차게 그리고 멀리 스트라이드를 내딛기 때문에 작은 체구에도 불구하고 빠른 공을 던질 수 있는 것이다. 또한 이렇게 멀리 나가고 있음에도 몸의 균형과 자세는 전혀 무너지지 않은 채 유지되고 있음을 볼 수 있다. 사진의 화살표처럼 몸은 머리, 척추, 배꼽이 일직선인 상태를 유지하며 몸의 중심은 양발의 중앙에 위치해 있다.

팀 린스컴 Tim Lincecum 현재 79승 56패. 사이영상을 두 번이나 수상한 샌프란시스코의 에이스로 온몸을 쓰는 듯한 투구 동작은 김광현의 폼을 연상케 한다.

사진 2. 팀 린스컴의 스트라이드

🟡 스트라이드 시 디딤발이 땅에 닿는 순서

　기본적으로 디딤발은 어느 곳이 먼저 땅에 닿아도 상관이 없다. 그 이유는 사람마다 가지고 태어난 신체조건이 조금씩 다르기 때문이다. 물론 메이저리그 통계를 보면 뒤꿈치가 먼저 닿는 경우가 70퍼센트로 가장 많고, 발바닥이 동시에 닿는 경우와 발 앞부분이 먼저 닿는 경우가 각각 15퍼센트씩을 차지하고 있다.• 뒤꿈치로 발을 딛는 경우가 가장 많지만, 발바닥 전체 혹은 발 앞부분으로 내딛는 경우 또한 무시할 수 없는 비중을 차지하고 있다. 결국 중요한 것은 선수 개개인에게 어떠한 동작이 가장 최적이냐를 판단하는 것이다. 만약 디딤발이 땅에 닿는 동작이 불편하여 교정하기를 원한다면, 통계상 가장 많은 퍼센트를 차지하고 있는 발뒤꿈치가 먼저 땅에 닿게 하는 방법이 가장 이상적이다. 사실 투구 동작 시 발바닥의 어느 부위가 먼저 땅에 닿는지를 느낄 수 있어서는 안 된다. 발바닥의 특정 부위가 땅에 닿는 느낌이 있다면 그 투구 동작은 자연스럽게 이어지지 않고 끊어지는 동작이 존재함을 의미하기 때문이다.

　사진 3은 브랜든 웹, 존 스몰츠, 존 갈랜드, 돈트렐 윌리스, 빌리 와그너, 그리고 조엘 주마야의 스트라이드 시 디딤발이 떨어지는 순서를 보여주고 있다. 사진에서 보면 알 수 있듯이 브랜든 웹과 존 스몰츠의 경우 발이 거의 동시에 떨어지고 있는 모습을 볼 수 있다. 또한 존 갈랜드와 돈트렐 윌리스의 경우는 앞부분이 먼저 떨어지는 모습을 볼 수 있을 것이다. 마지막으로 빌리 와그너와 조엘 주마야의 경우는 발의 뒤꿈치가 먼저 떨어지고 있음을 볼 수 있다. 여섯 장의 사진에서 보이듯이 발의 어느 부분이 먼저 떨어져도 투구에는 전혀 상관없다는 것을 알 수 있다. 덧붙여 여섯 투수 모두 머리, 척추, 배꼽이 일직선을 유지하며 몸통은 양발의 중앙에 위치하고 있다.

• NPA/RDRBI에서 자료를 제공함.

브랜든 웹Brandon Webb 현재 87승 62패, 방어율 3.27. 로이 오스왈트처럼 한 팀(애리조나다이아몬드백스)에서만 활약해온 간판 투수. 사이영상 1회 수상. 싱커가 상당히 좋은 투수이기 때문에 삼진보다 땅볼 비율이 훨씬 많을 것 같지만, 9이닝당 삼진 비율이 7개에 달할 정도로 삼진 능력도 뛰어남.

존 갈랜드John Garland 2000년 시카고 화이트삭스에 입단해서 현재 콜로라도 로키스에서 활약 중.

돈트렐 윌리스Dontrelle Willis 다리를 번쩍 드는 투구 동작이 인상적인 투수. 플로리다에 있던 2003년~2007년엔 연평균 14승을 하며 왼손 유망주로 떠올랐지만, 디트로이트로 트레이드된 이후엔 부진에 빠져 마이너리그를 전전하게 됐다.

사진 3. 스트라이드 시 디딤발의 순서.
브랜든 웹, 존 스몰츠,
존 갈랜드, 돈트렐 윌리스,
빌리 와그너, 조엘 주마야

빌리 와그너 Billy Wagner 현재 47승 40패, 방어율 2.31. 현재까지 422세이브를 올리고 있다. 키 177cm에 몸무게가 81kg에 불과할 정도로 투수라기에는 정말 작은 체구의 왼손 투수이지만, 100마일에 육박하는 직구와 수준급의 슬라이더를 던짐.

조엘 주마야 Joel Zumaya 현재 13승 12패, 방어율 3.05. 메이저리그에서 가장 빠른 볼을 던지는 투수라 해도 과언이 아니다. 직구 구속이 평균 100마일 정도이며 공식적으로 측정된 최고 구속은 104마일임.

🟡 스트라이드 시 디딤발의 모양

현재 우리나라에서는 스트라이드 시 디딤발의 모양에 대한 논의가 여전히 진행 중이다. '디딤발이 포수 방향과 일치하게 똑바로 떨어져야 하는가?' 아니면 '발이 열린 상태(open)로 떨어지는 것이 좋은가?' 혹은 '닫힌 상태(closed)로 떨어져야 되는가?'에 대한 정확한 결론을 내지 못한 채 정답이 무엇인지 많이 궁금해하고 있다. 궁금증에 대한 결론부터 말하면 어떻게 떨어져도 전혀 상관없다. 그 이유는 앞에서 설명한 것과 마찬가지로 개인은 각각 다른 신체적 조건과 능력을 가지고 태어났기 때문이다. 예를 들어 다리가 약간 안으로 휜 경우 디딤발을 열린 상태로 떨어뜨려 던지라고 한다면 본인이 태어날 때부터 가지고 있는 선천적인 힘이 발휘되지 못하고, 인위적으로 만든 힘으로 공을 던지게 될 것이다. 이렇게 되면 선천적인 힘을 쓸 수 있는 자연스러운 투구 동작을 가진 선수에 비해 투구 시 힘의 손해를 보게 된다. 참고로 메이저리그 통계를 보면 디딤발이 닫혀서 떨어지는 경우가 50퍼센트이며 똑바로 떨어지는 경우와 열려서 떨어지는 경우가 각각 25퍼센트씩으로 나와 있다.●

사진 4는 페드로 마르티네즈, 김광현, 필 휴즈, 임창용, 요한 산타나, 그리고 구대성 선수의 투구 동작을 찍은 것이다. 동그라미로 표시된 디딤발 모양을 살펴보자. 페드로 마르티네즈와 김광현 선수의 경우 디딤발의 모양이 똑바로 되어 있는 것을 볼 수 있을 것이다. 그에 비해 필 휴즈와 임창용 선수의 경우 디딤발의 모양이 열려 있는 것을 볼 수 있다. 마지막으로 요한 산타나와 구대성 선수의 경우 디딤발의 모양이 닫혀 있는 것을 볼 수 있다. 중요한 것은 어떻게 떨어지느냐가 아니라 개인의 신체 조건에 맞게 자연스러운 디딤발 모양을 형성하는 것이다.

● NPA/RDRBI에서 자료를 제공함.

필 휴즈 Phil Hughes 현재 52승 38패, 방어율 4.38. 뉴욕양키스의 유망주 투수 중 한 명이다. 평균 93마일의 직구와 낙차 큰 커브가 주무기. 2007년에 메이저리그에 데뷔해 3년간 13승을 올리는 데 그쳤지만, 올해에는 가파른 상승세를 보이고 있음.

사진 4. 디딤발 모양.
페드로 마르티네즈, 김광현,
필 휴즈, 임창용,
요한 산타나, 구대성

다음 사진 5는 로저 클레멘스의 스트라이드 시 버팀발의 움직임에 대한 사진이다. 다리 들기 후 몸을 지탱하고 있는 사진 5-B를 보면 버팀발의 무릎을 자연스럽게 구부려 몸 전체의 중심이 디딤발로 이동할 때까지 그 각도를 유지한다. 이렇게 버팀발을 살짝 굽혀주면 허리와 엉덩이의 움직임이 자연스러워진다. 많은 사람들이 버팀발로 밀고 나오는 것이라고 생각하지만 사실은 디딤발의 스트라이드로 인해 자연스럽게 끌려나오는 것이다. 이때 디딤발은 90도~100도 사이의 각도로 구부려 지탱하며 공을 놓는 순간까지 유지하도록 노력한다. 또한 엉덩이와 어깨는 분리되어 회전하며 릴리스포인트에 왔을 때 엉덩이와 어깨를 포함한 상체는 정확히 포수를 바라봐야 한다. 엉덩이와 어깨가 분리되어 회전한다는 내용은 이후 책의 다른 장에서 자세하게 설명하겠다.

사진 5. 로저 클레멘스의 버팀발의 연속 동작

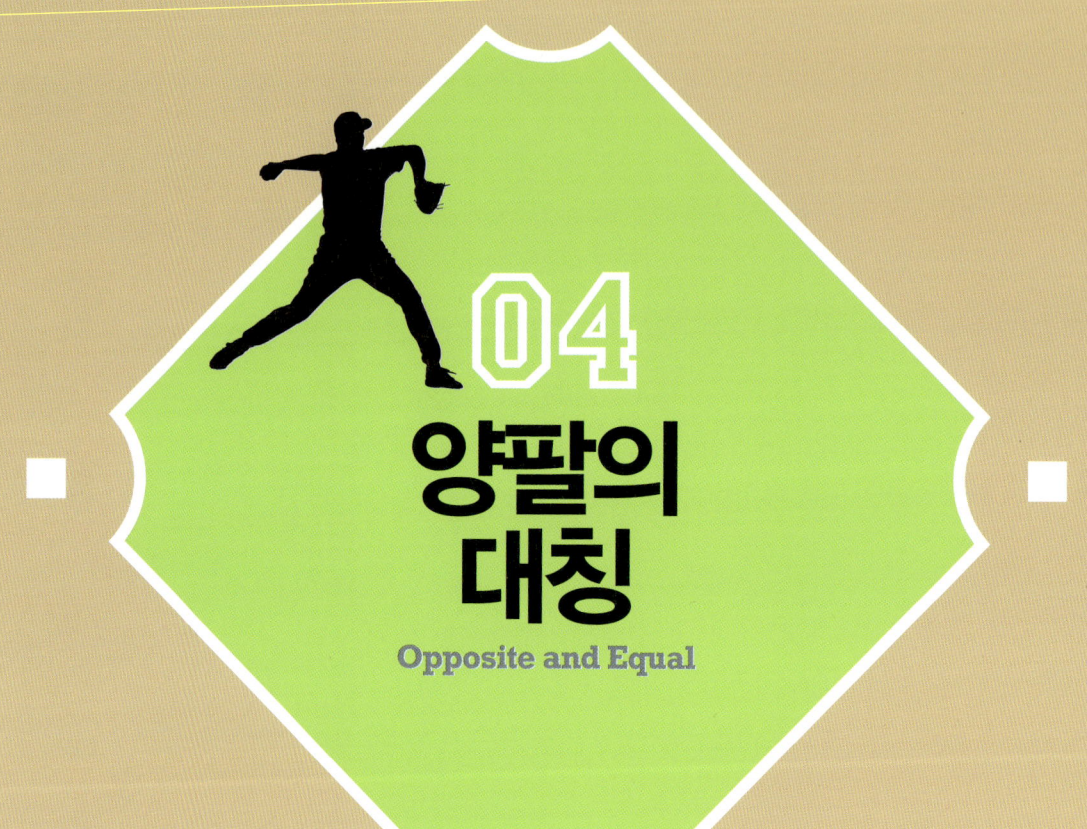

이 장에서는 다리 들기 후 글러브를 낀 팔과 던지는 팔이 나누어진 순간부터 릴리스포인트로 올 때까지의 양팔의 움직임에 대하여 알아보자. 우리나라에서는 이 투구 동작에 대하여 특별히 설명하는 단어가 없다. 미국에서는 'Opposite and Equal' 즉, '반대와 같음'이라는 단어로 설명하고 있으나 이해를 돕기 위해 '양팔의 대칭'이라는 말로 바꿔 쓰도록 하겠다.

양팔의 대칭 Opposite and Equal

투구 동작에서 다리를 든 후 하체가 스트라이드를 내딛기 시작하면, 글러브를 낀 팔과 공을 던지는 팔이 자연스럽게 나누어진다. 좋은 투수들의 양팔의 모습을 관찰해보면, 팔은 서로 다른 위치에 있지만 양팔의 모양은 서로 거울에 비친 모습처럼 같은 모양을 취하고 있다. 이런 이유로 이 동작을 '반대(위치)와 같음(모양)' 이라는 다소 생소한 말로 표현하고 있다. 이 투구 동작은 투구 균형과 관련되어 매우 중요한 역할을 한다.

우리나라에서는 대부분의 경우 던지는 팔의 모양과 회전에만 집중하여 글러브를 낀 팔에 대해서는 전혀 관심을 보이지 않고 있다. 투구 동작에 문제가 생기면 언제나 공을 던지는 팔만 교정하려는 시도를 하고 있다. 사실 던지는 팔의 모양과 회전은 어렸을 때부터 자연스럽게 형성되어 개인에 맞도록 최적화된 것으로 보아야 한다. 물론 누가 봐도 좋지 않은 투구 버릇을 가지고 있어 팔의 부상을 초래할 수 있는 동작에 대해서는 교정이 필요하겠지만, 이러한 경우를 제외하고는 각 개인에게 최적화된 동작을 인위적으로 고치는 것은 좋지 않다. 그렇다면 투구 동작, 특히 팔의 움직임에서 투구 균형이 무너질 경우 어떻게 해야 할까? 이럴 경우 공을 던지는 팔이 아니라 글러브를 낀 팔을 이용해 균형과 자세를 교정해준다면, 던지는 팔을 억지로 교정해 부자연스럽게 만들지 않으면서 투구 균형을 찾을 수 있다.

사진 1. 페드로 마르티네즈, 콜 하멜스, 요한 산타나(시계 방향)의 양팔의 대칭

사진 1. 브랜든 웹, 랜디 존슨, 조나단 브록스턴의 양팔의 대칭

● 메이저리그 투수들의 양팔의 대칭 동작

사진 1은 페드로 마르티네즈, 콜 하멜스, 요한 산타나, 브랜든 웹, 랜디 존슨, 조나단 브록스턴의 글러브를 낀 팔과 공을 던지는 팔의 모양과 회전을 보여주는 사진들이다. 사진의 투수들은 각각 다른 팔 모양과 회전을 가지고 있다. 하지만 여섯 명의 투수 모두 글러브를 낀 팔의 모양과 공을 던지는 팔의 모양은 마치 거울을 보는 듯 서로 같은 모양을 하고 있다. 다시 말해 글러브를 낀 팔과 공을 던지는 팔은 서로 나누어지면서부터 공을 놓는 위치로 올 때까지 같은 모양을 하고 있어야 한다.

콜 하멜스 Cole Hamels 필라델피아의 왼손 에이스. 훤칠한 키에 잘생긴 외모로 'Mr. Hollywood'라는 별명도 갖고 있다.

조나단 브록스턴 Jonathan Broxton 현재 신시내티 레즈 소속. 193cm, 133kg의 엄청난 거구에서 뿜어져 나오는 불같은 강속구가 주무기인 투수.

사진 2. 존 스몰츠, 조나단 브록스턴의 양팔의 대칭 연속 동작

사진 2는 존 스몰츠와 조나단 브록스턴이 릴리스포인트로 올 때까지 글러브를 낀 팔의 모양과 공을 던지는 팔의 모양을 보여주는 연속 사진이다. 사진을 보면 알 수 있듯이 양손이 나누어지면서부터 릴리스포인트로 올 때까지 양팔의 위치는 서로 다른 곳에 있지만 같은 모양을 하고 있는 것을 알 수 있다.

04 양팔의 대칭

099

한국 투수들의 양팔의 대칭

이번에는 한국 투수들의 팔의 모양에 대하여 살펴보도록 하자. 한국에도 올바른 양팔의 대칭 동작을 가진 투수들이 많다. 그렇다면 '이제까지 우리나라에서 글러브를 낀 팔과 공을 던지는 팔을 서로 같게 하라고 배운 적이 있나?'라는 질문을 나 자신에게 해보았다. 사실 필자가 현역에서 운동을 하는 동안 그런 말은 들어보지 못한 것 같다. 그렇다면 사진 3의 투수들은 양팔의 모양에 대해 배우지도 않았는데 어떻게 서로 같은 모양을 하고 있을까? 그 이유는 간단하다. 올바른 투구 동작을 하려면 올바른 균형을 가지고 있어야 하기 때문이다. 누가 가르쳐준 것이 아니라 올바른 균형으로 공을 던지는 투수들은 누구나 자연스럽게 양팔이 대칭되는 것이며 그러하기에 우리나라 최고의 투수들 중에 한 명이 된 것이다.

사진 3. 윤석민 선수의 양팔의 대칭

사진 3. 우리나라 투수들의 양팔의 대칭. 류현진, 정민태, 선동렬, 이상훈(시계 방향)

🟡 특이한 팔 모양을 가진 투수들의 양팔의 대칭 동작

　다음 사진 4는 투구 시 특이한 팔 모양을 가진 투수들의 모습을 보여주는 사진이다. 만약 우리나라 투수들이 이런 팔의 모양을 했다면 우리는 공을 던지는 팔의 모양을 정해진 틀에 맞추어 인위적으로 고치려고 했을 것이다. 하지만 앞에서 설명한 것처럼 공을 던지는 팔의 모양은 어렸을 때부터 각 개인이 가장 편안하고, 자연스럽게 힘을 쓸 수 있는 팔의 모양으로 만들어온 것이므로 공을 던지는 팔의 모양을 고치는 것보다는 앞의 사진들처럼 글러브를 낀 팔의 모양을 공 던지는 팔의 모양과 같게 만들어주어 자연스럽게 투구 균형을 갖게 해주는 것이 좋다. 던지는 팔보다 글러브를 낀 팔을 고치는 것이 훨씬 편안하고 자연스러우며 부담도 적다. 한화이글스와 WBC대표팀 인스트럭터를 하면서 투수들에게 양팔의 대칭 동작 중에 문제가 있다면 양팔 중 어느 쪽 팔을 고치기를 원하느냐고 물어보았다. 그들은 대부분 던지는 팔보다 글러브를 낀 팔을 고치기를 원했다. 그 이유는 "던지는 팔보다 글러브를 낀 팔이 고치기가 쉽고 투구 동작에 대한 부담도 덜하기 때문이다"라고 말했다.

사진 4.
특이한
양팔의 대칭

● 잘못된 양팔의 대칭으로 생기는 현상

다음 사진 5는 대표적으로 잘못된 양팔의 대칭 동작을 찍은 사진이다. 사진 5-A를 보면 글러브를 낀 팔은 길게 뻗어 있지만 공을 던지는 팔은 짧게 접혀 있는 모습을 볼 수 있다. 이 동작으로 공을 던지게 되면 이어지는 사진 5-B와 같은 릴리스포인트의 투구 동작을 가지게 된다. 사진 5-B를 좀 더 자세히 살펴보면, 공을 던지는 팔은 공을 던지기 위해 이미 공을 놓는 위치로 와 있지만, 글러브를 낀 팔은 여전히 회전하고 있음을 살펴볼 수 있다. 즉, 양팔이 균형을 이루지 못한 상태에서 투구가 이루어지게 되어 투구의 효율성을 떨어뜨리는 결과를 가져온다.

사진 6은 사진 5와 반대의 경우를 보여주고 있다. 즉, 사진 6-A를 보면 던지는 팔은 길게 뻗어 있지만, 글러브를 낀 팔은 짧게 접혀 있는 모습을 보여주고 있다. 그로 인해 사진 6-B와 같이 글러브를 낀 팔은 공을 놓는 위치에 와 있지만 공을 던지는 팔은 여전히 공을 던지기 위해 회전하고 있음을 알 수 있다. 그렇게 되면 균형이 무너지게 되어 올바른 투구 동작을 할 수 없게 된다.

그렇다면 이런 동작들을 고치는 방법은? 정답은 여러분도 이미 다 알고 있을 것이다. 던지는 팔의 모양과 같게 글러브를 낀 팔의 모양을 바꾸어주면 된다.

사진 5, 6. 잘못된 양팔의 대칭

🟡 글러브 무게와 양팔의 대칭

마지막으로 글러브의 무게 때문에 '양팔의 대칭' 동작에 문제가 생기는 경우이다. 특히 투수를 목표로 야구를 처음 시작하는 유소년 선수들에게 이런 현상이 많이 보인다. 그 이유는 간단하다. 야구 시즌 중에는 월요일을 제외하면 매일 프로야구 중계를 볼 수 있다. 유소년들은 텔레비전 중계를 통하여 프로야구 선수들의 모든 동작을 따라하며 그들과 같은 야구용품을 사용하기를 원한다. 문제는 바로 프로야구 투수들과 같은 글러브를 사용하거나 아니면 성인용 글러브를 선물받아 사용하기 때문에 생긴다. 유소년들은 아직 프로야구 투수들이 쓰는 글러브나 성인용 글러브의 무게를 감당할 수가 없다. 그러므로 투구 동작 중 글러브를 낀 팔은 글러브의 무게를 이기지 못하기 때문에 자연스럽게 밑으로 떨어지게 되고, 투구 균형을 잃게 된다. 이런 이유로 특히 유소년들은 자신에게 맞는 무게의 글러브를 사용하는 것이 좋다.

너무나 이상한 팔 모양으로 공을 던지거나 자신의 팔 동작이 만족스럽지 못해 변화를 원하는 선수가 있다면, 다음의 내용을 참고해보면 좋을 것이다. 가볍게 캐치볼을 하거나 10m 내외에서 공을 굴려주고 그 공을 가볍게 던져보라고 했을 때 나오는 팔의 모양이 본인에게 가장 자연스러운 것이므로 그 팔 모양을 참고해서 고치는 것이 좋다. 이때 글러브를 낀 팔의 모양도 던지는 팔의 모양과 같게 바꾸어주어야 한다. 이 동작은 투수뿐 아니라 다른 포지션의 선수들에게도 마찬가지로 적용된다.

05

엉덩이와 어깨의 분리된 움직임 그리고 어깨 회전의 지연

Hip-Shoulder Separation and Delayed Shoulder Rotation

이 장에서는 엉덩이와 어깨의 분리된 움직임 Hip-Shoulder Separation 그리고 어깨의 회전의 지연 Delayed Shoulder Rotation 에 대하여 알아보도록 하자. 무척 어렵게 들리는 이 말을 간단히 설명하면 다음과 같다. 스트라이드 시 양팔의 움직임과 모양에 대하여 설명하였다면, 이 장에는 스트라이드를 시작해서 공을 던지기 전까지 엉덩이와 어깨는 어떠한 움직임을 가져야 하는지에 대해 이야기하려고 한다. 다시 말해 팔의 움직임을 알아보았으니 이번에는 몸통의 움직임을 살펴보자는 말이다. 이 동작 역시 구속 증가와 밀접한 관계를 가진 중요한 부분이다.

엉덩이와 어깨의 분리된 움직임

Hip-Shoulder Separation

매번 새로운 장이 시작할 때마다 이야기하는 것이지만, 투구 동작에서 몸의 균형과 자세를 유지하는 것만큼 중요한 것은 없다. 이 장에서 언급하게 될 엉덩이와 어깨의 움직임도 기본적으로 몸통의 균형을 유지한 상태에서 이루어져야 한다. 즉, 머리와 배꼽은 일직선이 되게 하고 척추에 힘을 주어 몸통의 균형을 유지해야 한다.

🟡 엉덩이와 어깨의 분리된 움직임을 이끌어내는 방법

엉덩이와 어깨의 분리된 움직임은 크게 세 가지 방법을 통해 이끌어낼 수 있다. 첫째 극단적인 어깨 회전을 통해 분리를 이끌어내는 방법, 둘째 극단적인 엉덩이 회전을 통해 이끌어내는 방법, 마지막으로 엉덩이와 어깨의 적절한 회전을 통해 이끌어내는 방법이 있다. 어떤 방법이 최선이고 어떤 방법은 좋지 않다고 이야기할 수는 없다. 중요한 것은 자신의 신체조건에 맞는 엉덩이와 어깨의 분리 방법을 찾는 것이다. 사진을 통해 좀더 구체적인 설명을 하도록 하겠다.

다음 사진 1은 C.C. 사바시아, 다르비슈 유, 류현진, 로저 클레멘스, 곽정철이 스트라이드를 시작해 디딤발이 땅에 막 닿기 시작할 때 엉덩이와 어깨가 분리된 모습이다. C.C. 사바시아, 다르비슈 유, 그리고 류현진 선수의 사진을 보면 어깨 회전을 극단적으로 이용해 엉덩이와 어깨의 분리를 이끌어내고 있다. 이렇게 극단적인 어깨 회전을 이용해 엉덩이와 어깨의 분리된 움직임을 이끌어내는 선수들은 종종 투구 시 타자가 투수의 등번호를 볼 수 있을 정도로 어깨 회전을 하는 경우도 있다. 로저 클레멘스와 곽정철 선수의 경우는 극단적인 엉덩이 회전을 이용해서 엉덩이와 어깨의 분리를 이끌어내는 선수이다. 로저 클레멘스와 곽정철 선수의 벨트 버클 방향을 보면 약 120-140도 정도 열려 있어 이 시점에서 이미 타자 쪽을 향하고 있음을 알 수 있다. C.C. 사바시아, 다르비슈 유, 그리고 류현진 선수와 비교해보면 그 차이를 확실히 느낄 수 있을 것이다. 약간 다른 시점에서 촬영한 투구 동작 사진이지만, C.C. 사바시아, 다르비슈 유, 그리고 류현진 선수의 경우 벨트 버클의 방향이 거의 70-90도 쪽을 향하고 있음을 볼 수 있다. 한편 앞의 두 가지 회전 방법과 달리 엉덩이나 어깨의 회전이 비슷한 투수들도 있다.

C.C.사바시아 C.C. Sabathia 뉴욕양키스 소속 왼손 에이스. 2m에 132kg이나 나가는 거구다. 사이영상 1회 수상. 부드러운 투구 동작에서 나오는 폭발적인 직구와 슬라이더가 인상적임.

다르비슈 유 Darvish Yu 195cm에 달하는 장신투수. 2009년 WBC 결승전인 한국전에서 위력적인 피칭을 보여준 바 있다. 150km/h 후반대의 직구와 슬라이더, 포크볼에 이르는 수준급 변화구를 던짐.

사진 1. C.C. 사바시아, 류현진, 다르비슈 유, 로저 클레멘스, 곽정철의 엉덩이와 어깨의 분리된 움직임

이렇게 선수마다 엉덩이와 어깨의 분리를 이끌어내는 방법이 다른 까닭은 신체조건이 다르기 때문이다. C.C. 사바시아, 다르비슈 유 그리고 류현진 선수의 경우는 골반에 비해 상대적으로 어깨의 근력과 유연성이 뛰어난 경우이고, 로저 클레멘스와 곽정철 선수는 어깨에 비해 상대적으로 골반의 근력과 유연성이 뛰어난 경우다. 마지막으로 근력과 유연성의 차이에 따라 회전의 크기가 조금씩 다를 수 있다. 또한 골반과 어깨의 근력과 유연성이 비슷하게 발달한 경우는 어깨와 엉덩이가 같은 크기의 움직임을 보여준다.

사진 2. 위에서 본 엉덩이와 어깨의 분리된 움직임. 로저 클레멘스

🟡 위에서 내려다본 엉덩이와 어깨의 분리된 움직임

좀더 확실한 이해를 위해 위에서 내려다본 사진을 살펴보고자 한다. 사진 2는 위에서 본 로저 클레멘스의 사진으로 다리가 땅에 닿기 직전 엉덩이와 어깨가 분리되어 있는 모습을 보여주고 있다. 어깨와 엉덩이가 회전을 통해 분리된 움직임을 갖게 되면 이 둘 사이에는 자연스럽게 일정한 각도가 형성된다. 빨간색 선은 어깨의 움직임을, 검은색 선은 엉덩이의 움직임을, 파란색 선은 이 둘이 분리된 모습을 각도로 나타내고 있다. 일반적으로 40도에서 60도를 이루면 최적이라 말할 수 있다. 그러나 이 각이 40도보다 작아질 경우 구속에서 큰 손해를 볼 수 있다. 물론 60도 이상이 되면 아주 좋다고 말할 수 있다. 하지만 무리하게 각을 크게 하려다 몸의 전체적인 균형이 조금이라도 흐트러지면 오히려 좋지 않은 결과를 가져올 수 있다.•

엉덩이와 어깨의 회전 그리고 이 둘의 분리가 왜 중요한지를 구속과의 관계를 통해 간단히 설명하도록 하겠다. 뒤에서 다시 언급하겠지만 구속의 80퍼센트는 투구 동작 중 회전을 통해 생성된다. 투구 동작에는 세 가지 중요한 회전 동작이 있다. 첫 번째, 척추를 중심으로 한 엉덩이 회전, 두 번째, 척추를 중심으로 한 어깨의 회전, 마지막으로 팔의 회전이 있다. 이 장에서 우리는 중요한 세 가지 회전 중 두 가지 회전에 대해 살펴보았다. 구속 증가를 위해서는 단순히 어깨와 엉덩이 회전속도만을 높이는 것은 효율적이지 않다. 구속은 엉덩이 부분과 어깨 부분의 분리를 통해, 좀더 쉽게 이야기하면 상체가 뒤틀렸다 풀어지면서 생성되는 것이다.

엉덩이와 어깨가 분리되면서 뒤틀린 상체는 투구 동작이 진행되면서 자연스럽게 풀어진다. 문제는 어떠한 순서로 어떻게 풀어지느냐에 따라 몸통 회전의 속도가 결정되고, 이렇게 결정된 회전속도가 구속과 투구의 질을 결정한다. 최적의 경우는 어깨를 제외한 상체가 회전을 먼저 시작하고, 상체가 거의 홈플레이트로 향했을 때 어깨의 회전을 시작하는 것이다. 이렇게 어깨의 회전이 상체의 회전보다 늦게 시작되기 때문에 '어깨의 회전의 지연'이라는 용어를 사용했다.

•NPA/RDRBI에서 자료를 제공함.

어깨 회전의 지연
Delayed Shoulder Rotation

사진 3. 조시 베켓의 어깨 회전의 지연

⚫ 어깨 회전을 지연시키는 올바른 시점

실제로 해보면 알겠지만 이 과정은 말처럼 쉬운 것이 아니다. 사실 몸통과 어깨가 따로 떨어진 것도 아닌데 몸통을 회전시키면서 어깨는 회전시키지 않으려면 얼마나 큰 힘과 유연성이 필요할지는 굳이 언급할 필요가 없을 것 같다. 그러나 힘든 만큼 얻는 소득은 매우 크다. 자연스럽게 회전하려고 하는 어깨를 회전시키지 않으면 그만큼 어깨에 저항이 커지고 저항이 커지면 자연스럽게 축적되는 힘이 커진다. 그 축적된 힘을 한순간에 방출하면 굉장한 어깨 회전속도를 얻을 수 있다. 그리고 이 속도는 바로 공의 속도로 연결된다.

앞에서 어깨 회전 시점을 몸통이 거의 홈플레이트로 향할 때라고 모호하게 설명했다. 명확한 이해를 돕기 위해 '거의 홈플레이트로 향할 때'가 언제인지 자세히 설명하고자 한다.

사진 3은 완벽한 투구폼을 가졌다고 평가받는 조시 베켓의 투구 동작 중 일부다. 이 사진은 몸통의 회전이 거의 마무리가 되고 어깨가 회전을 시작하는 시점의 투구 동작을 찍은 것이다. 검은색 선은 조시 베켓의 스트라이드 크기를 나타낸 것이고, 연두색 선은 조시 베켓의 몸통 위치를 표시한 것이다. 검은색 선과 연두색 선이 만나는 지점은 뒷발 기준으로 전체 스트라이드 너비의 4/5지점 정도에 해당하는 곳이다. 즉, 몸통이 회전을 시작하여 전체 스트라이드 너비의 80퍼센트 정도 해당하는 곳에 왔을 때 어깨의 회전을 시작하는 것이 최적임을 의미한다. 너무 당연한 것이라 설명하지 않은 것이 있는데, 몸통은 회전을 하면서 자연스럽게 앞으로 나아간다.

조시 베켓 Josh Beckett 고등학교를 졸업하자마자 드래프트에 나왔을 정도로 그의 능력은 명성이 자자했다. 하지만 메이저리그에서는 비교적 평범한 성적을 올리고 플로리다마린스에서 보스턴레드삭스로 트레이드된다. 보스턴에서는 한 시즌에 20승을 올릴 정도로 뛰어난 활약을 함.

🟡 어깨 회전을 지연시켰을 때의 효과

이렇게 어깨 회전을 지연시키면 구속을 증가시킬 뿐만 아니라 팔의 부상을 방지하는 데 도움을 준다. 앞에서도 설명했지만 어깨 회전을 지연시키면 자연스럽게 어깨에 많은 힘이 쏠리게 되어 몸통이 회전하여 앞으로 진행해도 몸의 중심은 여전히 뒤에 남아 있게 된다. 그러나 어깨 회전을 지연시키지 못하면 몸통 회전과 동시에 어깨 회전이 이루어져 몸의 중심이 앞으로 쏠리게 되어 효과적인 투구가 되지 못하며, 구속 또한 떨어지게 된다. 이처럼 떨어진 구속을 올리기 위해 어깨 회전을 지연시키는 연습을 하지 않고 팔에만 더욱더 큰 힘을 실어서 투구를 하면 큰 부상을 입을 수 있다.

한 가지 당부할 것이 있다. 어깨 회전을 지연하는 훈련*을 하기 전에 그것이 가능하도록 몸을 먼저 만들어야 한다. 즉, 자신의 몸에 맞는 근력과 유연성을 기른 후에 지연된 어깨 회전 훈련을 해야 한다. 근력과 유연성이 떨어지는 상태에서 이 훈련을 하는 것은 부상의 원인이 되거나 투구 타이밍에 심각한 문제를 초래할 수 있다.

많은 사람들이 이 투구 동작을 적용하기에는 동양인과 서양인의 몸이 다르기 때문에 동양 투수들은 어렵다고 말하곤 한다. 그러나 사진 4의 윤석민 선수와 다르비슈 유의 투구 동작을 보면 그 말이 편견임을 알 수 있다. 사진은 모두 어깨 회전을 시작하는 시점을 찍은 사진이다. 두 투수 모두 몸의 균형과 자세를 잘 유지하면서 몸통은 전체 스트라이드 너비의 약 80퍼센트까지 와 있는 것을 알 수 있다. 다르비슈 유의 경우 윤석민 선수보다 몸통이 조금 뒤에 있어 보이는 이유는 사진을 3루 쪽에서 찍은 것이 아니라 3루와 홈플레이트 중간 쯤에서 사선으로 찍었기 때문이다.

●어깨 회전을 지연시키는 훈련법으로 월스로 훈련(Wall Throw Drill)이 있다. 자세한 훈련법은 〈투구 동작을 도와주는 훈련법〉 부분을 참조.

사진 4. 윤석민(위),
다르비슈 유(아래)의
어깨 회전의 지연

🟡 바람직하지 않은 어깨 회전의 지연

다음 사진 5를 비교해보면 사진 5-A는 올바른 어깨 회전을 보여주고 있는 반면, 사진 5-B는 잘못된 어깨 회전을 보여주고 있다. 사진 5-B에서 보이는 문제점은 어깨가 엉덩이의 회전을 버티지 못하고 엉덩이와 함께 공을 던지는 동작으로 와 있는 경우이다. 이렇게 되면 엉덩이와 어깨가 뒤틀려 발생되는 강력한 회전력이 사라지게 되어 오로지 어깨와 팔의 힘만을 가지고 공을 던지게 된다. 그로 인해 어깨와 팔꿈치가 빨리 피로하게 되며 부상의 원인이 된다. 이러한 문제점을 개선하기 위해서는 엉덩이와 어깨 그리고 몸통과 하체의 힘을 골고루 길러주어야 한다.

다음 사진 6-B의 경우는 몸통의 균형과 자세가 무너진 대표적인 모습으로 몸통의 근력과 유연성이 떨어지기 때문에 생기는 현상이다. 이 경우 역시 앞에서와 마찬가지의 문제점이 생긴다. 이런 경우에는 투구 동작보다 먼저 몸통, 즉 복근과 배근 그리고 회전하는 힘을 길러주어야 한다.

마지막으로 사진 7-B는 버팀발이 버티지 못하고 끌려나오기 때문에 생기는 동작으로 우리나라 투수들이 가장 많이 가지고 있는 문제점 중 하나다. 이런 동작으로 공을 던지게 되면 팔꿈치나 어깨 관절이 팽창되어 관절의 충돌 Shoulder Joint Impinges 이 생기며 또 어깨 근육이 부적절하게 이완된다. 그 이유는 던지는 팔이 릴리스포인트로 오는 동안 생기는 회전의 크기와 팔로스루의 회전의 크기가 같거나 크지 않고 작아지기 때문이다. 쉽게 이야기해 몸을 확 폈다가 움츠리기 때문에 이런 현상이 일어난다. 이런 투수들은 하체의 힘을 충실히 기른 후 투구를 하는 것이 좋다.

참고로 이 동작은 어깨나 팔꿈치에 부상을 당한 적이 있거나 가지고 있는 투수들에게서 특히 많이 볼 수 있다. 그 이유는 머릿속에서 혹시나 하는 불안감이 어깨나 팔꿈치를 자연스럽게 보호하게 되기 때문이다. 이런 투수들은 우선 치료를 정확하게 하고 난 후, 충분한 시간을 가지고 몸의 힘을 기른 다음 통증이 없을 때 투구를 시작하는 것이 좋다. 그렇지 않게 되면 팔로스루의 회전이 작아지게 되므로 어깨나 팔꿈치는 더욱더 안 좋아진다. 물론 가장 중요한 것은 머릿속에서 불안감을 떨치는 것이다.

사진 5. 바람직하지 않은 어깨 회전 1

사진 6. 바람직하지 않은 어깨 회전 2

사진 7. 바람직하지 않은 어깨 회전 3

이제까지 양팔과 엉덩이 그리고 어깨의 움직임에 대해 살펴보았다. 이 장에서는 투구 시 몸통의 움직임(미국에서는 스택Stack과 트랙Track이라는 단어를 이용해서 몸통의 움직임을 설명하고 있다)과 몸통의 진행 경로에 대해 살펴보려고 한다.

몸통의 움직임

몸통의 균형과 자세는 '어깨 회전의 지연'에서 설명한 대로 머리, 척추, 그리고 배꼽이 일직선인 상태를 유지하는 것을 기본으로 한다. 이 균형은 디딤발이 땅에 닿기 시작해서부터 몸이 회전해 릴리스포인트에 올 때까지 계속 유지되어야 한다. 이렇게 회전해온 몸통 특히 가슴은 등과 허리를 이용해 몸을 활처럼 펴고 포수 쪽으로 밀고 나아가면 된다. 또한 머리는 팔이 회전해서 릴리스포인트에 올 때까지 곧게 세워 포수를 주시한다.

1-A

⬤ 투구 동작 시 몸통의 움직임

사진 1을 보면 좀더 쉽게 이해가 될 것이다. 사진은 엉덩이의 회전과 어깨의 회전의 지연 그리고 릴리스포인트로 오는 순간까지의 몸 전체 움직임을 보여주는 사진이다. 사진 1-A는 어깨와 엉덩이가 분리된 투구 동작을 보여주고 있다. 그 후 1-B와 같이 릴리스포인트로 오기 전 몸통을 포수 방향으로 힘차게 밀고 나아가야 하며 등과 허리는 활처럼 휜 모습이어야 한다.

사진 1-C는 릴리스포인트에서의 투구 동작을 보여주고 있는 사진으로 활처럼 휜 등과 허리를 펴면서 자연스럽게 공을 던진다. 이때 중요한 것은 머리가 한쪽으로 치우치지 않고 목표인 포수를 응시하는 것이다. 사진 1-A, B, C를 통해 확인할 수 있듯이 몸통은 좌우로 치우침 없이 지속적으로 균형을 유지해야 한다.

사진 1. 몸통의 움직임

1-B   1-C

ⓒ사진 제공-톰 하우스, NPA/RDRBI

ⓒ사진 제공-톰 하우스, NPA/RDRBI

사진 2. 릴리스포인트 직전의 몸통의 모습. 다르비슈 유, 로저 클레멘스, 크리스 카펜터

🟡 릴리스포인트 직전의 몸통의 모습

다음 사진 2는 릴리스포인트로 오기 직전 가장 완벽한 동작의 상체 모습을 보여주고 있는 다르비슈 유와 로저 클레멘스, 크리스 카펜터의 사진이다. 사진을 보면 세 선수 모두 척추에 힘을 주어 머리, 척추, 배꼽을 일직선으로 유지하면서 릴리스포인트로 공을 가져오는 것을 볼 수 있다. 또한 가슴은 목표인 포수 쪽으로 밀고 나아가며 등과 허리는 활처럼 휘어져 있음을 볼 수 있다. 머리 또한 어느 한곳으로 치우치지 않고 곧게 세워 목표인 포수를 쳐다보고 있다. 이 동작은 공을 놓는 위치, 즉 릴리스포인트로 올 때까지 계속 이어져야 한다.

크리스 카펜터 Chris Carpenter 현재 144승 94패, 방어율 3.76. 사이영상 1회 수상. 부상으로 2007년과 2008년에 1승도 거두지 못하다가 2009년엔 17승 4패의 화려한 성적으로 올해의 재기 선수상을 받았다. 포심과 투심을 자유로이 구사할 수 있으며 커브 또한 리그 정상급 투수임.

사진 3. 투구 동작 시 몸통의 움직임

🟡 몸통의 움직임과 진행 모습

사진 3은 엉덩이와 어깨가 분리된 모습부터 릴리스포인트까지 오는 과정을 정확히 보여주고 있다. 이 사진들은 윗옷을 벗은 상태로 찍은 사진이기에 더욱 선명한 몸통의 움직임을 볼 수 있을 것이다. 마지막으로 뒤와 옆에서 찍은 다섯 장의 사진을 보면서 필자가 앞에서 설명한 중요한 내용을 다시 확인해보기 바란다.

- 머리, 척추, 배꼽은 일직선을 이루며 몸통은 균형을 유지하고 있는가?
- 이 균형은 공을 던질 때까지 유지되고 있는가?
- 릴리스포인트로 오기 직전 등과 허리는 활처럼 휜 상태를 유지하고 있는가?
- 릴리스포인트에서 활처럼 휜 등과 허리를 펴면서 투구를 하고 있는가?
  이때 머리가 한쪽으로 치우치지 않고 포수를 똑바로 바라보고 있는가?

07 글러브의 위치와 움직임

Swivel and Stabilization

이번 장에는 공을 놓는 위치로 왔을 때의 글러브의 위치와 움직임에 대하여 알아보자. 미국에서는 이 투구 동작을 '회전받침과 안정화Swivel and Stabilization'라고 설명하고 있다. 거창해 보이지만 핵심은 투구 동작이 릴리스포인트에 왔을 때 글러브의 위치와 움직임의 중요성을 강조한 것이라 생각하면 된다.

글러브의 위치

투구 동작에서 생성되는 힘의 근원을 찾기 위해 NPA와 RDRBI에서 연구를 한 적이 있다. 연구의 내용은 투수가 마운드 위에서 전력으로 투구를 하게 하고, 다시 평지로 내려와 무릎을 꿇고 상체의 회전만으로 투구를 하게 하는 것이었다. 이 연구의 대상은 초, 중, 고 그리고 프로야구의 투수들이었는데 아주 흥미로운 결과가 나왔다. 결과를 간략하게 정리하면 다음과 같다. 마운드 위에서 약 100km/h 구속을 가진 투수가 마운드와 같은 거리를 두고 평지에서 무릎을 꿇고 상체의 회전만으로 투구를 하였을 때 최대 80km/h 정도의 구속으로 투구할 수 있다는 결과를 얻어냈다. 실험에 참가한 대부분의 선수들이 이와 같은 정도는 아니었지만 평균 70km/h라는 결과를 보여주었다. 즉, 투수는 회전하는 힘(최대 80퍼센트)과 다리 들기, 스트라이드 그리고 마운드의 경사로 생성된 힘(약 20퍼센트)을 이용해 공을 던진다는 사실을 알 수 있었다.

• NPA/RDRBI에서 자료를 제공함.

그러면 이러한 사실과 글러브의 위치는 어떠한 관계가 있는 것일까? 앞에서 언급했지만 투구를 가능하게 하는 최대 80퍼센트의 힘은 상체의 회전력에서 온다. 문제는 회전력의 방향이다. 투수가 몸통을 회전하는 방향은 중간에 적절한 제어가 없다면 오른손 투수의 경우 3루 쪽에서 1루 쪽으로 향하게 된다. 여기서 적절한 제어를 담당하는 것이 바로 글러브이다. 즉, 글러브는 몸통의 회진으로 생긴 회전력을 투구목표인 포수 방향으로 자연스럽게 이끄는 방향키 역할을 한다. 글러브의 위치와 움직임이 올바르지 않으면 투구 시 힘의 손실을 가져올 뿐만 아니라, 몸이 지속적으로 1루 방향(오른손 투수의 경우) 혹은 3루 방향(왼손 투수의 경우)으로 쏠리게 되어 제구력에도 많은 문제가 생기게 된다. 제구력과 관련되어 또 한 가지 지적할 것이 있다. 글러브 무게 때문에 투구를 하는 순간 공을 던지는 팔보다 글러브를 낀 팔이 더 많은 힘을 가지게 된다. 결국 글러브의 위치와 움직임이 바르지 못하면 몸의 위치와 방향에 영향을 주어 릴리스포인트에 좋지 않은 변화를 가져오게 된다.

사진 1. 글러브의 위치와 모양. 카를로스 잠브라노, 윤석민, 요한 산타나, 봉중근, 정현욱, 조시 베켓

🟡 글러브의 올바른 위치

글러브의 올바른 위치는 아주 간단하다. 글러브의 위치는 무릎과 어깨 사이 그리고 몸통 안쪽과 각 개인의 디딤발 위에 있는 것이 가장 이상적이다. 대부분의 경우 글러브는 자연스럽게 무릎과 어깨 사이에 위치한다. 그러나 글러브가 몸통 밖으로 나가 있는 경우가 많다. 글러브는 반드시 몸통 안쪽에 위치해야 한다.

사진 1은 카를로스 잠브라노, 윤석민, 요한 산타나, 봉중근, 정현욱, 조시 베켓의 글러브 위치를 보여주는 사진이다. 사진에서 보면 알 수 있듯이, 여섯 투수 모두 글러브가 어깨와 무릎 사이 그리고 몸통 안쪽에 있는 것을 볼 수 있다. 이때 글러브의 모양은 저마다 편안한 모양으로 가지고 있으면 된다.

카를로스 잠브라노 Carlos Zambrano 현재 132승 91패, 방어율 3.66. 투심패스트볼의 움직임이 상당해서, 종종 싱커로 오해받기도 한다. 종으로 떨어지는 스플리터도 던질 수 있어 땅볼 구사율이 높은 편. 투수 중에서는 손꼽히는 타격의 소유자이기도 함(실버슬러거 투수 부문 3회 수상).

글러브의 올바른 움직임

이제까지 우리는 글러브를 포수 쪽으로 향하게 한 후 글러브를 최대한 몸 쪽으로 당기면서 투구를 해왔다. 물론 글러브를 포수 쪽으로 향하게 하는 것은 맞다. 하지만 글러브를 당겨오면서 투구를 하는 것은 올바르지 못한 투구 동작이다. 글러브의 움직임에 대해서는 의견이 분분하다. 여전히 글러브를 당기며 투구를 해야 한다는 의견과 글러브 쪽으로 몸이 나아가면서 투구를 해야 한다는 의견이 팽팽하게 대립하고 있다.

가슴이 글러브 쪽으로 나아가야 올바른 투구 동작이 되는 이유를 알아보도록 하자. 앞에서도 설명했듯이 투구를 하는 순간에는 공을 던지는 팔보다 글러브를 낀 팔에 더 많은 힘이 들어가 있다. 이런 상태에서 글러브를 당겨서 가져오게 되면 앞으로 나아가야 하는 힘이 역방향인 글러브를 당기는 쪽으로 일부 빠져나가게 되어 힘의 손실을 가져온다. 또한 몸통의 회전 역시 글러브 방향을 따라 한쪽으로 치우쳐 몸의 균형과 자세가 무너지게 된다. 그렇게 되면 어떠한 결과가 뒤따르는지는 다들 알고 있을 것이다. 바로 릴리스포인트가 뒤에서 형성되는 바람직하지 못한 경우가 발생한다. 그러므로 글러브를 몸 쪽으로 당기는 것이 아니라 가슴이 글러브 쪽으로 나아가야 하는 것이다. 그렇게 된다면 회전하는 힘은 자연스럽게 목표인 포수 쪽으로 향하게 될 뿐만 아니라 몸통이 더 앞으로 나아가 투구를 할 수 있게 된다. 그로 인해 릴리스포인트는 자연스럽게 더 앞에서 형성되므로 공의 속도가 빨라지는 것은 물론이며 타자가 느끼는 체감속도 또한 빨라지게 된다. 하지만 이 투구 동작은 본인의 근력과 유연성이 허락하는 한도 내에서 하는 것이 좋다.

🥎 메이저리그 투수들의 글러브 위치와 움직임

　사진 2는 릴리스포인트로 오기 직전과 릴리스포인트 시의 랜디 존슨, 빌리 와그너, 그레그 매덕스, 다르비슈 유를 옆에서 찍은 사진이다. 네 투수 모두 사진을 보면 알 수 있듯이 어느 누구도 글러브를 몸 쪽으로 당겨오지 않고 가슴이 글러브 쪽으로 나아가는 것을 볼 수 있다. 그렇다면 어느 순간에 어떻게 가슴이 글러브 쪽으로 가는 것이 좋을까? 그 방법은 다음과 같다. 저마다 글러브를 편안한 모양으로 하고 포수를 향하게 한 후, 각 개인의 디딤발 위에 글러브를 둔 다음 글러브를 꽉 쥐어짜듯 잡는다. 그와 동시에 가슴이 글러브 쪽으로 나아가면서 투구를 하면 되는 것이다.

사진 2. 랜디 존슨과 빌리 와그너의 글러브 위치

사진 2의 투수들을 보면 각각 다른 모양과 다른 위치에 글러브가 있지만, 위에서 설명했듯이 가슴이 글러브 쪽으로 나아가고 있으며 글러브를 꽉 움켜쥐고 있는 것을 볼 수 있다. 또한 상체를 앞으로 숙이며 투구를 하는 것을 볼 수 있다. 이때 머리는 꼿꼿이 세워 목표인 포수를 바라보고 있는 것도 볼 수 있다. 앞에서 언급했지만 글러브의 위치는 모든 사진에서 보는 것처럼 무릎에서 어깨 사이 그리고 각 개인의 디딤발 위에 있는 것이 가장 이상적이다.

사진 2. 그레그 매덕스와 다르비슈 유의 글러브 위치

◯ 우리나라 투수들의 글러브 위치와 움직임

우리나라 투수들도 올바른 글러브의 위치를 가진 투수들은 많지만 아직까지 가슴이 글러브 쪽으로 가는 투수는 많지는 않다. 그러나 몇몇 투수에게서는 올바른 글러브의 위치와 방향을 찾아볼 수 있다. 사진 3은 송은범, 손민한, 그리고 정현욱 선수의 사진으로, 가장 근접하게 가슴이 글러브로 나아간 상태에서 릴리스포인트를 형성하고 있음을 보여주는 사진들이다. 사진을 보면 글러브는 어깨와 무릎 사이 그리고 몸통 안에 있는 것을 볼 수 있다. 또한 글러브를 가슴 쪽으로 당겨오는 것이 아니라 가슴이 글러브 쪽으로 나아가고 있는 것을 볼 수 있다.

사진 3. 우리나라 투수들의 글러브 위치와 모양. 송은범, 손민한, 정현욱

사진 4. 글러브의 잘못된 위치

글러브의 잘못된 위치

사진 4는 가장 일반적으로 볼 수 있는 글러브의 잘못된 위치이다. 사실 이 세 장의 사진은 필자가 좀 과장되게 찍은 사진이다. 이 정도까지 과도하게 잘못된 모습을 보이는 선수들은 많지 않지만 독자들의 확실한 이해를 위해 좀더 과장된 자세를 취했다. 세 사진 모두 글러브가 몸통과 무릎 사이에서 벗어나 있는 모습을 볼 수 있다. 이렇게 되면 몸의 균형에 심각한 문제를 초래하고 이러한 동작으로 계속 투구를 할 경우 심각한 부상에 노출될 확률이 높아진다.

08
릴리스포인트와 팔로스루

Release Point and Follow Through

이제 투구 동작의 마지막 단계인 공을 놓는 위치 즉 릴리스포인트Release Point와 마무리 동작인 팔로스루Follow Through에 대하여 알아보자. 릴리스포인트와 팔로스루는 우리나라에서도 그대로 사용하고 있는 야구용어다. 다른 투구 동작에 비해 우리나라에서 유달리 중요하게 여기고 있는 릴리스포인트는 사실 인위적으로 만드는 것이 아니라 자연스럽게 만들어지는 것이다. 즉, 이제까지 앞에서 설명한 투구 동작을 이해하고 받아들여 노력했다면, 이미 각 개인에 맞게 자연스러운 릴리스포인트가 만들어졌을 것이다. 또한 투구 동작의 마지막인 팔로스루도 릴리스포인트와 마찬가지로 자연스럽게 이루어지는 것이다.

릴리스포인트 Release Point

　릴리스포인트는 공이 손에서 떨어지는 순간을 말하는 것으로 앞에서 글러브의 위치에 대해 설명한 투구 동작과 거의 동시에 이루어지는 투구 동작이라고 보면 된다. 한국에서 릴리스포인트를 이야기할 때 중요하게 다루는 두 가지 있다. 하나는 릴리스포인트를 높게 형성해야 한다는 것이고 또 하나는 최대한 타자 쪽으로 끌고 나와야 한다는 것이다. 릴리스포인트를 높게 형성해야 한다는 것은 소위 투구 시 각을 크게 만들어 던져야 타자가 치기 어렵다는 생각에서 나왔다. 물론 아주 틀린 이야기는 아니지만, 최대한 앞으로 끌고 나와 던져야 한다는 것을 고려하면 그 의미가 대폭 축소된다. 투수가 릴리스포인트를 최대한 앞으로 끌고 나오려면 당연히 공은 머리 바로 위쪽이 아닌 머리 앞쪽에서 던져야 한다. 즉, 최대한 앞으로 끌고 나와 던지려 노력하면 팔 높이의 차이가 거의 사라지게 된다. 물론 투수의 신장의 차이로 인해 공을 던지는 위치가 조금 다를 수 있지만, 이런 경우에도 타자의 입장에서 보면 그 각도의 차이는 아무리 크게 잡아봐도 약 1도 내지 2도 정도밖에 나지 않는다. 결국 릴리스포인트에 있어 가장 중요한 것은 저마다 신체적 균형과 유연성이 허락하는 범위에서 최대한 앞으로 끌고 나오는 것이다. 가장 바람직한 릴리스포인트의 위치는 각 개인의 글러브와 디딤발보다 약 20~30cm 앞에서 형성되는 것이다.•

• NPA/RDRBI에서 자료를 제공함.

◯ 올바른 릴리스포인트

사진 1은 정면에서 본 랜디 존슨과 마크 프라이어의 완벽한 릴리스포인트 사진이다. 두 사진을 보면 알 수 있듯이 머리와 상체는 어느 한곳으로 치우치지 않고 포수를 향하고 있다. 또한 글러브의 위치는 어깨와 무릎 사이 그리고 몸통 안에 있으며, 가슴이 글러브 쪽으로 나아가고 있음을 볼 수 있다. 결국 몸 전체가 목표인 포수로 향하면서 릴리스포인트에 도달하고 있다.

사진 1. 랜디 존슨과 마크 프라이어의 릴리스포인트

사진 2는 봉중근과 윤석민 선수의 릴리스포인트 모습을 찍은 사진이다. 앞의 사진과 비교해봤을 때 거의 유사한 투구 동작을 보여주고 있다. 즉, 상체와 머리가 균형을 이루며 포수 쪽을 바라보면서 릴리스포인트에 도달하고 있다. 다만 한 가지 다른 점은 가슴이 글러브 쪽으로 나아가는 것이 아니라 글러브를 가슴 쪽으로 끌어당기고 있는 점이다. 이것만 교정한다면 릴리스포인트를 더욱더 앞에서 형성할 수 있지 않을까 생각한다.

마크 프라이어 Mark Prior 과거 메이저리그 최고의 투수가 될 재목이라는 찬사를 받았지만, 투구 동작 변화에 따른 부상으로 인해 큰 시련을 겪고 현재 재활을 통해 다시 한번 도전을 준비하고 있다.

사진 2. 봉중근과 윤석민의 릴리스포인트

🟡 릴리스포인트 시 팔과 글러브의 위치

다음 사진 3은 앤디 페티트, 다르비슈 유, 랜디 존슨 그리고 김선우 선수의 릴리스포인트를 옆에서 찍은 것이다. 이 네 장의 사진은 릴리스포인트가 어디에서 형성되어야 하는가를 더욱 명확하게 보여준다. 네 장의 사진 모두 릴리스포인트가 글러브 혹은 디딤발의 약 20~30cm 앞에서 만들어지는 것을 보여주고 있다. 간혹 다음과 같은 경우가 있다. 직구를 던질 때는 사진의 모습과 유사하게 공을 최대한 앞에서 놓지만, 변화구를 던질 때는 공을 직구보다 뒤에서 놓는 선수들이 있다. 이것은 아주 바람직하지 않다. 구질에 상관없이 투구를 할 때는 글러브와 디딤발 앞에서 릴리스포인트가 형성되도록 하는 것이 매우 중요하다. 또한 사진 속의 빨간색 원 안에 있는 글러브 위치를 보면 글러브를 가슴으로 당기는 것이 아니라 가슴이 글러브 쪽으로 나아가고 있기 때문에 가슴과 글러브의 간격을 볼 수 있을 것이다. 마지막 사진의 김선우 선수도 글러브를 가슴으로 당기지 않고 가슴이 글러브 쪽으로 나아가게 된다면 더 좋은 릴리스포인트를 만들 수 있지 않을까 생각한다. 이 투구 동작은 근력과 유연성을 모두 갖추었을 때 가능한 투구 동작이므로 우선 투구 동작 연습과 더불어 근력과 유연성을 기르는 것이 중요하다.

앤디 페티트 Andy Pettitte 뉴욕양키스의 베테랑 투수다. 사이영상을 수상할 정도의 화려함은 없지만, 오랜 시간 기복 없이 꾸준한 모습을 보여준 믿음직한 투수.

사진 3. 앤디 페티트, 다르비슈 유, 랜디 존슨, 김선우의 글러브 위치(시계방향)

팔로스루 Follow Through

　　팔로스루는 릴리스포인트가 바르게 형성되었다면 자연스럽게 이루어지게 된다. 이때 한 가지 명심해야 할 것이 있다. 팔로스루 하는 팔의 회전 크기는 릴리스포인트로 오는 팔의 회전 크기와 같거나 최소한 그보다 커야 한다. 만약 그렇지 않을 경우 관절이 팽창되어 부상을 입게 된다. 또한 팔로스루 시 각 개인의 버팀발의 다리 높이(오른손 투수의 오른쪽 다리)는 릴리스포인트 시의 팔 높이와 거의 같다. 그러므로 버팀발의 높이와 릴리스포인트의 높이의 차이가 많이 난다면 버팀발의 높이를 릴리스포인트의 높이와 비슷하거나 같게 교정해주는 것이 좋다.

사진 4. 팔로스루

◉ 팔로스루와 릴리스포인트

사진 4는 팔로스루를 보여주는 사진이다. 사진의 팔로스루에 나타난 버팀발의 높이를 보면 릴리스포인트 시 누구의 팔 높이가 더 높은지 예측할 수 있을 것이다.

사진 5는 김광현 선수의 릴리스포인트와 팔로스루를 보여주는 사진이다. 김광현 선수의 릴리스포인트 시의 팔 높이를 보면 팔로스루의 버팀발의 높이와 같거나 비슷하다는 것을 알 수 있다. 이것은 지극히 자연스러운 것이다. 언더핸드 투수라면 다리의 높이는 훨씬 낮아진다. 그러나 모든 사람이 이와 같지는 않다. 그 이유는 선천적으로 가지고 태어난 신체적 조건과 능력이 각각 다르기 때문이다.

사진 5. 김광현의 릴리스포인트와 팔로스루 동작

사진 6. 팔로스루 동작 비교. 6-A, 6-B

6-A-1

6-A-2

6-B-1

6-B-2

마지막으로 사진 6을 통하여 간단히 설명하면, 투구 시 팔 높이와 다리 높이가 같거나 비슷한 것이 좋은 균형과 자세를 가진 투구 동작이라고 할 수 있다. 사진 6-A와 같이 높은 팔에는 높은 다리가, 반대로 사진 6-B처럼 낮은 팔에는 낮은 다리가 이루어져야 몸의 균형을 맞출 수 있다.

이번 장에서 살펴볼 드래그라인Drag Line은 그동안 한국에서는 그렇게 중요하게 여기지 않는 투구 동작이었다. 그러나 메이저리그에서는 드래그라인을 투수의 투구 동작이 제대로 이루어지는가를 판단하는 중요한 요소로 생각한다. 드래그라인을 제대로 형성하고 있다면 투구 동작이 올바르게 이루어지고 있다는 것을 의미한다.

사진 1. 드래그라인

드래그라인 Drag Line

드래그라인이란 사진 1에서 하얀색 화살표 부분에 만들어진 선으로, 투구 시 투수의 버팀발 즉 뒷발이 자연스럽게 끌려나오게 되는데 이때 그려지는 선을 말한다. 이 드래그라인은 투수의 투구 동작이 바르게 이루어지고 있는가를 판단 가능하게 하며, 투구 동작을 고치는 데 있어서도 중요한 역할을 한다. 미국에서는 드래그라인이라는 정확한 단어를 사용해서 설명하고 있지만, 우리나라에서는 아직 이 선에 대하여 특별히 지칭하는 단어가 없어 그저 뒷발을 끌고 나오는 모양이라고 설명하고 있다.

그렇다면 이 드래그라인이라는 말을 우리나라에서는 왜 선이 아닌 모양이라는 말을 써서 설명하고 있을까? 우리는 이제까지 특별히 뒷발을 끌고 나올 때 그려지는 선에 대하여 그렇게 중요하게 생각하지 않았기 때문이다. 그러나 드래그라인은 위에서 언급한 것처럼 올바른 투구 동작을 갖추는 데 있어서 중요한 역할을 할 뿐만 아니라 올바르지 않은 투구 동작을 고치는 데에도 매우 중요한 역할을 한다.

드래그라인에 관한 핵심 내용은 크게 두 가지로 정리될 수 있다.

◉ 드래그라인은 센터라인에서 끝나야 한다

그렇다면 센터라인이란 무엇인가? 센터라인이란 홈베이스와 투수판의 중앙을 연결하는 가상의 선으로 사진 2에서 보이는 하얀색으로 그려놓은 선을 말한다. 그렇다면 왜 드래그라인은 센터라인에서 끝나야 하는 것인가? 그 이유는 사진 2에서 드래그라인이 끝나는 지점(뒷발이 떨어지는 지점)을 비교해보면 아주 쉽게 알 수 있다. 그것은 바로 드래그라인이 끝나는 지점에 투수의 몸통, 즉 중심이 있게 되기 때문이다. 다시 사진 2를 비교해보면 로저 클레멘스의 경우 드래그라인이 정확하게 센터라인으로 오고 있는 모습을 볼 수 있으며 그로 인해 몸통 즉 몸의 중심이 어느 한곳으로 무너지지 않고 목표 방향 즉 포수 쪽으로 향하고 있음을 알 수 있다. 그러므로 와인드업부터 만들어온 힘을 분산시키지 않고 목표인 포수 쪽으로 정확하게 전달할 수 있게 된다.

이와는 다르게 벤 시츠와 같이 드래그라인이 센터라인에서 오른쪽으로 벗어나게 되면, 몸통 즉 몸의 중심은 오른쪽에 있을 수밖에 없게 된다. 이때 목표는 왼쪽에 있게 되므로 몸통은 자연적으로 왼쪽으로 향하도록 기울어져 던질 수밖에 없게 된다. 그러면 어떠한 현상이 생기게 되는지는 여러분도 정확히 알고 있을 것이다. 힘이 분산되는 것은 물론이며 공을 놓는 위치 즉 릴리스포인트가 상대적으로 뒤에서 형성된다. 앞의 '균형과 자세' 편에서 설명한 것처럼 몸이 목표에서 1cm 벗어나면 릴리스포인트는 2cm가 뒤로 가게 된다는 점을 상기한다면 쉽게 이해될 것이다. 결국 이러한 투구폼은 투수의 릴리스포인트를 상대적으로 뒤쪽에 형성시키면서 공의 속도를 저하시킨다. 더욱 중요한 것은 이러한 투구폼이 투수의 부상을 초래할 수 있다는 점이다.

벤 시츠 Ben Sheets 현재 94승 96패, 방어율 3.78. 애틀랜타의 베테랑 우완투수로 2012년 부상으로 은퇴했다.

사진 2. 로저 클레멘스(위)와 벤 시츠(아래)의 드래그라인 비교

09 드래그라인

🟡 드래그라인의 길이는 어느 정도가 가장 적당한가?

드래그라인의 길이는 보통 각 개인의 발로 두 발 정도의 길이가 가장 이상적이다. 통계자료에 의하면 메이저리그 투수들의 드래그라인의 길이는 대략 60cm 정도로 나와 있다. 그러나 개인마다 신체조건의 차이가 있으므로 60cm라는 고정된 숫자보다는, 각 개인의 발로 두 발 정도가 가장 이상적인 수치라 할 수 있다. 단, 드래그라인의 길이가 너무 짧으면 문제가 된다. 드래그라인의 길이가 짧다는 것은 투수가 공을 놓기 전에 뒷발이 땅에서 떨어졌음을 의미한다. 이럴 경우 투수의 하체 중심이 무너지기 때문에 하체의 힘을 쓸 수 없고 오로지 상체의 힘으로만 던지게 된다. 반대로 드래그라인의 길이가 너무 길게 나온다는 것은 공을 채지 못하는 것을 의미한다.*

사진 3은 가장 좋은 투구를 보였던 시기의 마크 프라이어의 드래그라인이다. 이 사진은 공을 놓기 직전의 모습을 찍은 것으로 위에서 설명한 것처럼 드래그라인이 끝나는 위치는 센터라인에 위치해 있다. 또한 드래그라인의 길이는 약 60cm이며 본인의 발로 두 발 정도이다.

---

* NPA/RDRBI에서 자료를 제공함.

사진 3. 마크 프라이어의 드래그라인

사진 4. 드래그라인 연속 사진. 크리스 카펜터(위), 로저 클레멘스(아래)

🟡 연속 사진으로 본 드래그라인

사진 4는 가장 완벽한 드래그라인의 모습을 보여주고 있는 크리스 카펜터와 로저 클레멘스의 연속 사진이다. 사진에서 보면 알 수 있듯이 처음 투수판을 밟고 던지는 각각 위치는 다르나 공을 던지는 순간의 드래그라인을 보면 목표인 포수 방향으로 일직선인 상태에서 공을 던지고 있음을 알 수 있다.

🟡 드래그라인을 통해 투구 동작을 고치는 방법

　마지막으로 드래그라인을 통해 투구 동작을 고치는 방법에 대하여 알아보자. 공을 던진 후 드래그라인을 살펴보았을 때 사진 5-A와 같이 하얀색 원으로 표시해놓은 것처럼 드래그라인이 끝나 있다면 몸의 중심은 사진 5-B와 같이 오른쪽으로 가 있게 된다. 그로 인해 사진 5-C처럼 공을 목표인 포수로 던지기 위해서 몸의 균형과 자세가 무너질 수밖에 없게 된다.

　이럴 경우 자신이 밟는 투수판의 위치를 바꾸어주어 다음 사진 6-A에서 보이는 하얀색 원으로 표시한 드래그라인과 같이 포수의 위치와 일직선에서 끝나게 해주면 된다. 그 결과 사진 6-B와 같이 몸의 중심은 목표인 포수와 일직선을 이루게 되어 사진 6-C처럼 올바른 균형과 자세로 투구를 할 수 있게 된다.

사진 5. 드래그라인 교정 전

사진 6. 드래그라인 교정 후

09 드래그라인

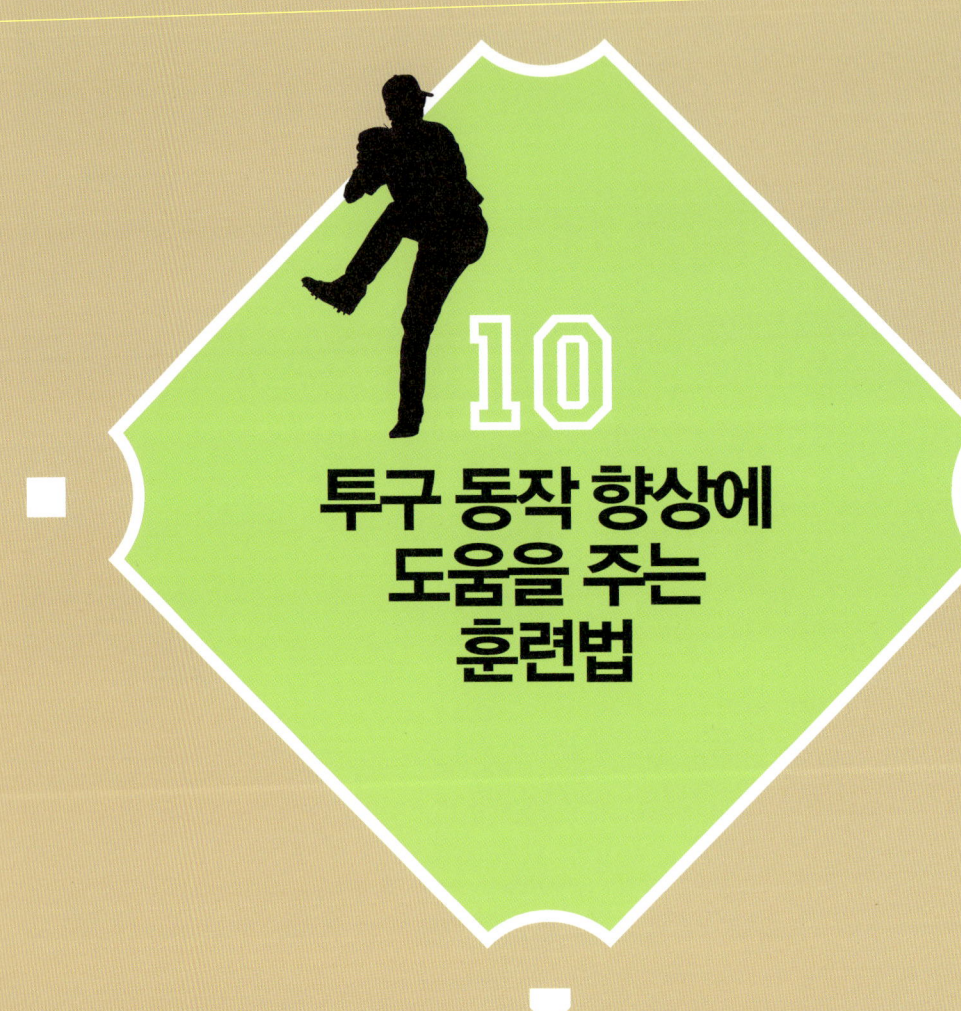

10

투구 동작 향상에 도움을 주는 훈련법

이번 장에서는 투구 동작을 향상시키는 훈련법에 대해 이야기하고자 한다.

앞으로 살펴볼 훈련법들은 가장 기본이 되는 필수 훈련법들이므로 정확히 잘 익혀두면 큰 도움이 될 것이다.

- 캐치볼
- 오렐 허샤이저 훈련법
- 로커스로 훈련법
- 무릎 꿇고 던지기
- 벽을 이용한 던지기
- 작은 타깃을 이용한 던지기
- 모자 맞히기
- 수건을 이용한 훈련법

01 캐치볼 Catch Ball

훈련법을 설명하기 전에 '던지기Throwing'와 피칭Pitching'의 차이점을 간략히 언급하고자 한다. 던지기는 평지에서 공을 던지는 행위 전체를 의미한다. 반면, 피칭은 마운드에서 공을 던지는 특별한 행위를 의미한다. 캐치볼 훈련법은 피칭이 아닌 던지기를 기본으로 하는 훈련법, 즉 마운드에서 던지는 연습이 아니라 평지에서 공을 던지는 훈련법이다.

캐치볼은 투수가 피칭을 하기 전에 가장 많이 하는 연습이다. 그만큼 기본이 되는 중요한 연습 방법이다. 우리는 이미 캐치볼 훈련법에 대해 아주 친숙하다. 어떤 분들은 이 방법을 과연 설명할 필요가 있을까? 하고 의아해할 수도 있다. 그러나 모든 일이 그러하듯이 기본은 매우 중요하다. 훈련법의 기본을 확실히 해야 난이도가 높은 훈련을 무리 없이 소화할 수 있다.

이 장에서 이야기할 캐치볼은 투수에게 좀더 최적화된 훈련법으로, 투수가 투구 시 몸을 포수 방향으로 빠르고 정확하게 움직일 수 있도록 도와주는 훈련법이다. 세 가지의 기본 자세로 캐치볼을 하며, 마운드에서 피칭 연습을 할 때도 같은 방법으로 하면 앞에서 설명한 효과를 얻을 수 있다.

사진 1. 다리 엇갈려가며 던지기(위)
사진 2. 크로스오버 던지기(아래)

🟡 다리 엇갈려가며 던지기

다리 엇갈려가면서 던지기는 사진 1에서 보는 것처럼 자연스럽게 오른발을 왼발 뒤로 엇갈려 걸어가면서 던지는 훈련법이다. 이 훈련법은 짧은 거리에서 시작하여 자신이 던질 수 있는 최대 거리까지 하는 것이 가장 이상적이다.

🟡 크로스오버 던지기

크로스오버Cross Over 던지기는 사진 2-A와 같이 왼발을 오른발 위로 넘긴 후 자연스럽게 무릎을 살짝 구부린 후 퀵모션 자세를 취한다. 그 후 2-B와 같이 다리를 글러브와 손이 만나는 곳 또는 2루 베이스 쪽으로 힘차게 든다. 그렇게 되면 엇갈려 있는 다리로 인해 사진 2-C와 같이 자연스럽게 엉덩이가 먼저 나가면서 공을 던지게 된다. 이때 엉덩이는 포수 쪽으로 향하게 해야 하며 투구의 거리는 약 18~20m 정도로 한다. 참고로 나이가 어린 투수들은 나이에 맞게 거리를 조절해서 던져야 한다. 무리해서 너무 먼 거리를 던지게 된다면 투구 동작이 흐트러지기 때문이다.

🟡 다리 모아 던지기

우선 사진 3-A와 같이 양발을 모두 붙인 후 무릎을 살짝 구부린 다음 퀵모션 자세를 취한다. 그 후 사진 3-B처럼 다리를 글러브와 손이 만나는 곳 또는 2루 베이스 쪽으로 힘차게 든다. 그렇게 되면 모아져 있던 다리로 인해 사진 3-C와 같이 자연스럽게 엉덩이가 먼저 나가면서 공을 던지게 된다. 이때 엉덩이는 목표 방향으로 향하게 해야 하며 투구의 거리는 약 18~20m 정도로 한다.

| 주의 사항 |
모든 동작은 끊어짐 없이 연속적으로 하고, 다리는 힘차게 그리고 가능한 높이 들며
반드시 엉덩이가 먼저 목표 쪽으로 움직인 후 공을 던져야 한다.
이때 몸의 균형과 자세가 무너지지 않게 주의한다.

사진 3. 다리 모아 던지기

02 오렐 허샤이저 훈련법
Orel Hershiser Drill

오렐 허샤이저 훈련법은 투수가 다리를 든 후 엉덩이를 밀고 나가는 동작을 올바르게 만들기 위해서 하는 훈련법으로 몸이 목표인 포수 쪽으로 정확하고 빠르게 나아갈 수 있도록 도와준다. 이 훈련법을 오렐 허샤이저 훈련법으로 부르는 이유는 엉덩이 미는 동작에 있어 오렐 허샤이저가 최적의 모습을 보여주었기 때문이다. 투구 연습 전에 하는 것이 더 효과적이며 벽과 펜스, 또는 철망과 기둥을 이용해서 할 수 있다.

🟡 벽을 이용한 오렐 허샤이저 훈련법

1. 벽을 정면으로 바라본 후 빨간색 원처럼 두 발 정도 되는 거리를 잰다. 그 이유는 엉덩이를 밀고 나가는 동작을 설명할 때 충분히 했으므로 간략하게 다시 설명하자면 엉덩이가 각 개인의 발로 두 발 정도까지 나가는 것이 가장 이상적이기 때문이다. (사진 4-A)

2. 벽과 한 발 반에서 두 발(약 50~60cm) 정도의 거리를 둔 후 벽을 향해 퀵모션으로 공을 던질 자세를 취한다. (사진 4-B-1)

3. 다리를 글러브와 손이 만나는 곳 또는 2루 베이스로 향하게 든다. 이때 처음의 균형과 자세가 무너지지 않게 주의한다. (사진 4-B-2)

4. 벽을 향해서 엉덩이를 힘껏 민다. 이때 엉덩이의 방향은 목표를 향하게 하며 엉덩이만 닿도록 노력한다. 또한 상체는 균형과 자세를 유지하면서 발의 중앙 또는 약간 뒤에 있게 한다. (사진 4-B-3)

5. 사진 4-C와 같이 세 가지 발 모양으로 바꾸어가며 각각 5-10회 정도 이 동작을 반복 연습한다.

| 주의 사항 |
몸의 균형과 자세가 무너지지 않게 주의하며 꼭 엉덩이가 먼저 벽에 힘껏 닿게 한다.

사진 4-A. 벽과 엉덩이 사이의 거리

사진 4-B. 벽을 이용한 오렐 허샤이저 훈련법

사진 4-C. 세 가지 발 모양

10 투구 동작 향상에 도움을 주는 훈련법 177

사진 5. 철망이나 기둥을 이용한 오렐 허샤이저 훈련법

🟡 철망이나 기둥을 이용한 오렐 허샤이저 훈련법

1. 편하게 선 후 오른손으로 철망이나 기둥을 잡는다. (5-A)
2. 다리를 글러브와 손이 만나는 곳 또는 2루 베이스를 향해 든다. 이때 균형과 자세가 무너지지 않게 주의한다. (5-B)
3. 엉덩이를 포수 쪽으로 힘껏 민다. 이때 엉덩이는 하얀색 화살표의 크기만큼 각 개인의 발로 한 발 반에서 두 발(약 50~60cm) 정도까지 밀고 나온다. 또한 상체는 처음의 균형과 자세를 유지한 채 양발의 중앙 또는 약간 뒤에 둔다. (5-C)
4. 5~10회 사이로 한다.

| 주의사항 |
몸의 균형과 자세가 무너지지 않게 주의하며 엉덩이가 항상 먼저 목표 쪽으로 나가도록 한다.

03 로커스로 훈련법
Rocker Throw Drill

로커스로는 다리를 어깨너비보다 약간 더 벌리고 서서 하는 투구 연습 방법으로 투구 시 발이 땅에 닿게 하여 상체와 하체의 올바른 움직임을 만들어주는 훈련법이다. 투구 연습 전에 하는 것이 효과적이다.

사진 6. 로커스로 훈련법

6-A

1. 사진 6-A와 같이 상대방을 향하여 양발을 어깨너비보다 약간 더 벌린 후 무릎을 살짝 구부리고 선다.
2. 사진 6-B의 자세를 취한 후 연속적인 동작으로 상체와 하체를 모두 이용해서 던진다. (6-B, C, D)
3. 공을 던질 때 균형과 자세가 무너지지 않게 주의하며 무릎 또한 처음의 자세를 끝까지 유지하도록 한다.
4. 글러브는 사진 6-C의 빨간색 원 안의 위치와 같이 무릎과 어깨 사이에 있게 하며 가슴이 글러브 쪽으로 가도록 한 후 던진다.
5. 사진 6-E와 같이 상대방과 약 10m 거리를 둔 후 서로 번갈아가며 공을 던진다.
6. 개인이 던질 수 있는 구질의 공을 각각 5개씩 던진다.

| 주의사항 |
머리와 상체를 꼿꼿이 세워 균형과 자세가 무너지지 않은 상태로 공을 상대방에게 던진다.
또한 글러브를 가슴으로 끌어당기는 것이 아니라 가슴이 글러브 쪽으로 가도록 노력한다.

6-B 6-C 6-D

사진 6-E. 로커스로 훈련법

04
무릎 꿇고 던지기
Knee Throw Drill

무릎 꿇고 던지기는 무릎을 꿇고 상체를 이용해 던지는 투구 훈련법으로 상체의 적합한 타이밍과 연속 동작을 올바르게 만들어주는 데 도움을 준다. 또한 상체가 회전하는 힘을 길러준다. 투구 연습 전에 하는 것이 효과적이다.

사진 7. 무릎 꿇고 던지기

7-A   7-B

1. 사진 7-A의 빨간색 원 안의 무릎과 같이 목표(상대방)에서 1시 방향(약 15도)으로 몸을 살짝 튼 후 무릎을 땅에 대고 상체는 꼿꼿이 세운다.
2. 사진 7-A의 자세를 취한 후 상체의 회전을 이용해 연속 동작으로 상대방에게 공을 던진다. (7-B, C, D)
3. 글러브는 사진 7-C의 빨간색 원과 같이 몸통 안에 있게 하며 글러브를 가슴으로 당겨오는 것이 아니라 가슴이 글러브 쪽으로 가게 한다.
4. 사진 7-E와 같이 상대방과 약 10m 거리를 둔 후 서로 번갈아가며 공을 던진다.
5. 각 개인이 던질 수 있는 구질의 공을 각각 5개씩 던진다.

| 주의사항 |
머리와 상체를 꼿꼿이 세워 균형과 자세가 무너지지 않은 채 공을 상대방에게 던진다.
또한 글러브를 가슴으로 당겨오는 것이 아니라 가슴이 글러브 쪽으로 가도록 한다.

7-C   7-D

사진 7-E. 무릎 꿇고 던지기

05
벽을 이용한 던지기 Wall Throw Drill

　벽을 이용한 투구 동작 훈련법은 엉덩이와 어깨의 회전을 효과적으로 분리시키고 어깨의 투구 동작을 올바르게 지연시키는 데 도움을 준다. 또한 발이 땅에 닿은 후 포수 쪽으로 몸이 올바르게 향하도록 도와준다. 투구 연습 전에 하는 것이 더 효과적이다.

사진 8. 벽을 이용한 던지기 연습 방법
사진 9. 뒤에서 본 모습

1. 다리를 사진 8-A와 같이 어깨너비보다 조금 더 넓게 벌리고 양 무릎은 살짝 구부린 상태로 펜스를 향하여 선다. 그리고 왼발(오른손 투수일 경우)은 펜스에 붙인다. 붙일 때 발 모양은 스트라이드 후 놓는 발 모양과 같게 한다. 예를 들어, 스트라이드 시 발 모양이 포수와 일직선 방향으로 떨어진다면 훈련을 할 때도 똑같이 포수 방향에 일직선으로 발 모양을 만들어 펜스에 붙인다. 오른발(오른손 투수일 경우)은 투수판을 밟고 있는 모양으로 서 있으면 된다.

2. 무릎을 굽혀 사진 8-B와 같이 만들어주며 왼쪽 무릎이 펜스에 닿게 한 후 무릎으로 약 5초간 힘을 주어 펜스를 민다.

3. 왼쪽 팔꿈치가 사진 8-C처럼 펜스에 닿게 한 후 무릎과 팔꿈치에 힘을 주어 동시에 약 5초간 펜스를 민다. 이때 팔꿈치와 무릎은 포수 방향으로 밀며 몸의 균형을 유지하여 자세가 어느 한쪽으로도 무너지지 않게 한다.

4. 무릎과 팔꿈치를 민 상태에서 사진 8-D의 빨간색 원 안의 발과 같이 오른발을 각 개인의 근력과 유연성이 허락하는 한도까지 돌려 포수 방향과 일직선이 되도록 만든다. 이때 엉덩이, 즉 골반과 어깨는 최대한 돌아가지 않게 유지하며 버틴다. 이때도 역시 균형을 유지하는 것이 중요하며 자세가 어느 한쪽으로 무너지지 않게 주의한다.

5. 사진 8-D의 상태에서 사진 8-E와 같이 릴리스포인트 자세를 취한다. 그 후 펜스에 닿아 있는 몸의 모든 부분, 즉 무릎, 팔꿈치, 팔뚝, 글러브 그리고 공을 잡은 손까지 5초간 힘을 주어 벽을 민다. 척추와 가슴 그리고 머리는 꼿꼿이 세우는 것이 아주 중요하며 글러브는 몸에 닿지 않게 주의한다.

6. 마지막으로 사진 8-F와 같이 상체를 최대한 뒤로 젖혀 등을 활처럼 휘게 만들고 그 상태로 펜스에 몸이 닿아 있는 부분에 힘을 주어 5초간 민다.

7. 횟수는 3-5회 사이로 한다. 사진 9는 뒤에서 본 모습이다.

06
작은 타깃을 이용한 던지기 | 'X' Throw Drill

작은 타깃을 이용한 훈련법은 벽에 작은 'X'자를 그려놓고 그곳을 향해 투구를 하는 훈련법으로 제구력을 높이는 데 그 목표가 있다. 와인드업, 퀵모션 등 모든 자세에서 던지는 연습을 한다. 일반적으로 작은 타깃에 공을 던지다가 큰 타깃에 공을 던지면 타깃에서 벗어날 확률이 적어진다. 즉 포수 글러브보다 작은 목표를 타깃으로 공을 던져 자연스럽게 제구력을 향상시키는 훈련법이다. 투구 연습 전이나 후에 던지는 것이 효과적이며, 시합 후 다음 날 팔을 풀 때 던지는 것도 효과적이다.

1. 벽이나 펜스에 작게 'X' 타깃(야구공 크기)을 사진 10-A와 같이 그린다.
2. 사진 10-B와 같이 펜스에서 약 10m 떨어진 거리에 선다. 이때 다리의 모양은 퀵모션 자세로 선다.
3. 연속 동작으로 'X' 타깃을 향해 공을 던진다. (10-B, C, D, E)
4. 사진 10-F와 같이 세 가지의 발 모양으로 각각 번갈아가며 'X' 타깃을 향하여 던진다.
5. 각 개인이 던질 수 있는 모든 구질을 각각 5구씩 던진다.

| 주의사항 |
목표에 최대한 집중하고 던진다.

사진 10-A. 작은 타깃을 이용한 던지기

사진 10. 작은 타깃을 이용한 던지기 훈련법

10-D　10-E

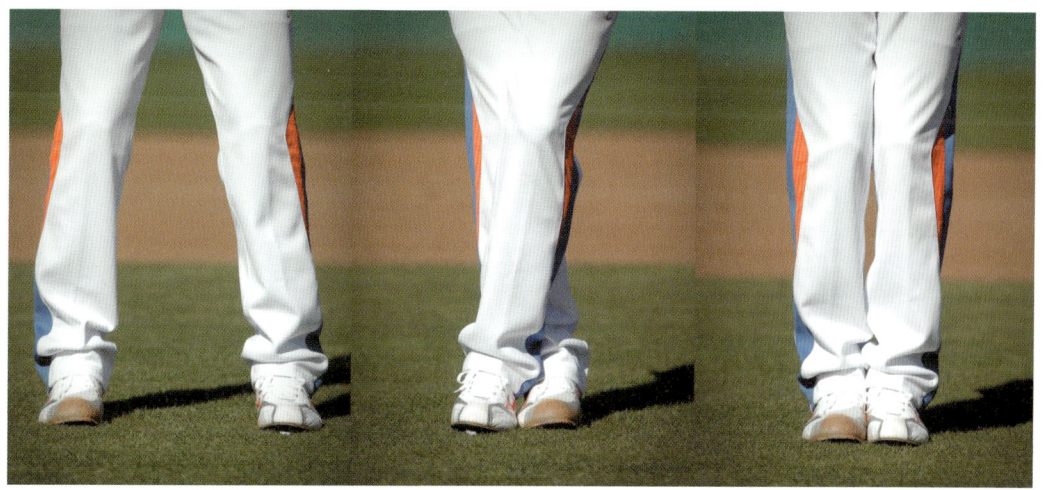

사진 10-F. 세 가지 발 모양

07 모자 맞히기 Hit the Hat Throw Drill

모자 맞히기 또한 작은 타깃을 이용한 투구 훈련법과 마찬가지로 제구력 향상에 도움을 주는 훈련법이다. 만약 공이 목표인 모자의 좌우로 벗어나는 경우 몸의 균형과 자세가 좌우로 무너진 것이다. 또한 공을 던졌는데 목표인 모자보다 짧거나 길게 도달한 경우는 글러브의 위치가 너무 높거나 낮다는 것을 의미한다. 그리고 공이 벗어나는 범위가 커지면 커질수록 그만큼 투구 동작의 효율성은 낮은 것이라고 말할 수 있다. 투구 연습 전에 하는 것이 가장 효과적이다.

1. 사진 11-A와 같이 와인드업 자세나 퀵모션 자세로 선다.
2. 사진 11-B의 자세를 취한 후 연속 동작으로 모자를 향해 던진다. (11-B, C, D, E)
3. 공을 줍기 쉽도록 사진 11-F와 같이 상대방과 약 30m 거리를 두고 선 후, 모자를 향해 서로 번갈아 던진다.
4. 사진 11-G와 같이 세 가지의 발 모양으로 각각 번갈아가며 모자를 향하여 던진다.
5. 각 개인이 던질 수 있는 모든 구질을 각각 5구씩 던진다.

| 주의사항 |
목표에 최대한 집중해서 던지며 공이 좌, 우 또는 짧거나 긴 경우 몸의 균형과 자세 그리고 글러브의 위치를 점점 고쳐나가면서 던진다.

사진 11. 모자 맞히기

10 투구 동작 향상에 도움을 주는 훈련법

사진 11-F. 모자 맞히기

사진 11-G. 세 가지 발 모양

08 수건을 이용한 훈련법
Towel Throw Drill

　　수건을 이용한 투구 훈련법은 데커볼Decker Ball과 수건을 이용하여 투구의 타이밍을 개선시키기 위해 하는 훈련이다. 또한 투구 동작 시 회전력과 포수 방향으로 밀고 나아가는 힘을 증가시키는 효과가 있다. 데커볼은 무게에 따라 3가지 종류(약 113g, 141g, 170g)가 있으며, 그 공을 수건으로 감싸고 투구 동작을 연습한다. 팔의 회전 속도를 개선하기 위해서는 약 113g 공을, 전체적인 투구 동작을 개선하기 위해서는 약 141g 공을, 마지막으로 팔과 어깨의 지구력과 근력을 키워주기 위해서는 약 170g짜리 데커볼을 이용해 연습한다. 그러나 데커볼의 무게가 정식 야구공의 무게(141.7g~148.8g)보다 20퍼센트 이상 가볍거나 무거우면 운동 효과가 반감되고 부상의 원인이 될 수 있으므로 주의해야 한다. 특정한 연습 시점은 없고 언제든지 할 수 있는 연습 방법이다. 사진 12를 보면 수건을 이용한 투구 훈련법이 피칭을 할 때의 움직임과 동일하다는 것을 알 수 있다.

사진 12. 실제 피칭과 수건을 이용한 투구 동작 연습 장면

10 투구 동작 향상에 도움을 주는 훈련법

1. 수건에 공을 넣은 후 사진 13-A와 같은 방법으로 공을 최대한 꽉 잡는다.
2. 사진 13-B-1과 같이 마운드 위나 평지에서 자신의 퀵모션 자세를 취한 후, 수건 속의 공을 최대한 꽉 움켜잡고 목표인 코치나 선수를 향하여 연속적인 투구 동작을 3~5회 정도 반복한다. 이때 절대로 공을 놓치지 않도록 주의한다. (13-B-1, 2, 3, 4, 5, 6)
3. 2의 연습이 끝난 후 사진 13-C와 같이 디딤발이 떨어진 위치에서 다섯 발짝을 잰다.
4. 그 후 다음 페이지에 있는 사진 13-D-1과 같이 코치나 선수에게 그 자리에 글러브를 들고 서 있게 한 후 연속 동작으로 글러브를 수건으로 힘껏 친다. (13-D-1, 2, 3, 4, 5, 6)
5. 세 가지의 발 모양을 번갈아가며 연습한다. 5~10회 사이로 한다. (13-E)
6. 공의 무게는 각 개인의 훈련 목적에 따라 필요한 무게에 맞추어 한다. (앞의 설명 참조)

| 주의사항 |
목표에 최대한 집중하여 수건으로 글러브를 맞추도록 노력한다. 수건이 글러브의 좌, 우로 빗나가는 경우 머리와 몸의 균형과 자세를 다시 한번 살펴야 하며, 수건이 글러브보다 짧거나 긴 경우 글러브의 위치를 바꾸면서 던져야 한다.

사진 13. 수건을 이용한 던지기

13-B-2  13-B-3

13-B-5  13-B-6

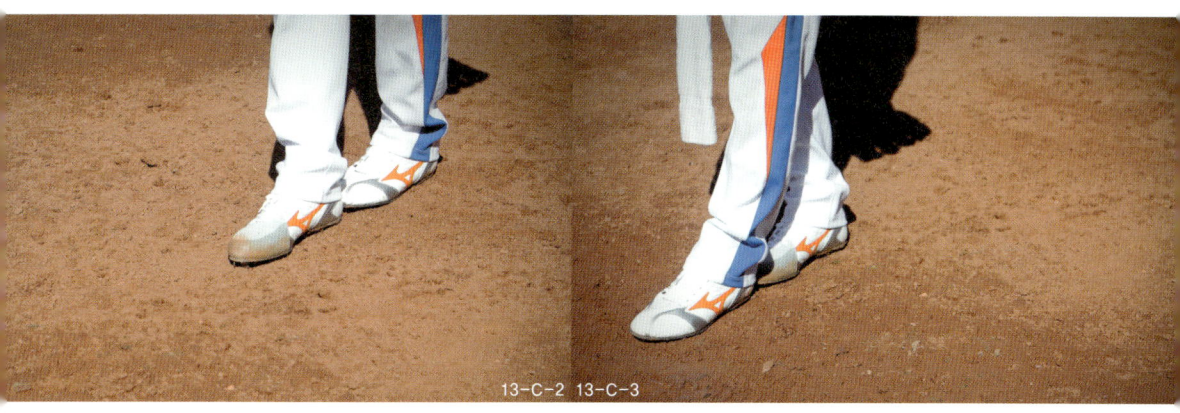

13-C-2 13-C-3

13-D-1 13-D-2

13-D-4 13-D-5

사진 13-D. 수건을 이용한 던지기

13-D-3

13-D-6

사진 13-E. 세 가지 발 모양

13-E-1   13-E-2   13-E-3

사진 14. 수건을 이용한 실제 연습 모습

10 투구 동작 향상에 도움을 주는 훈련법

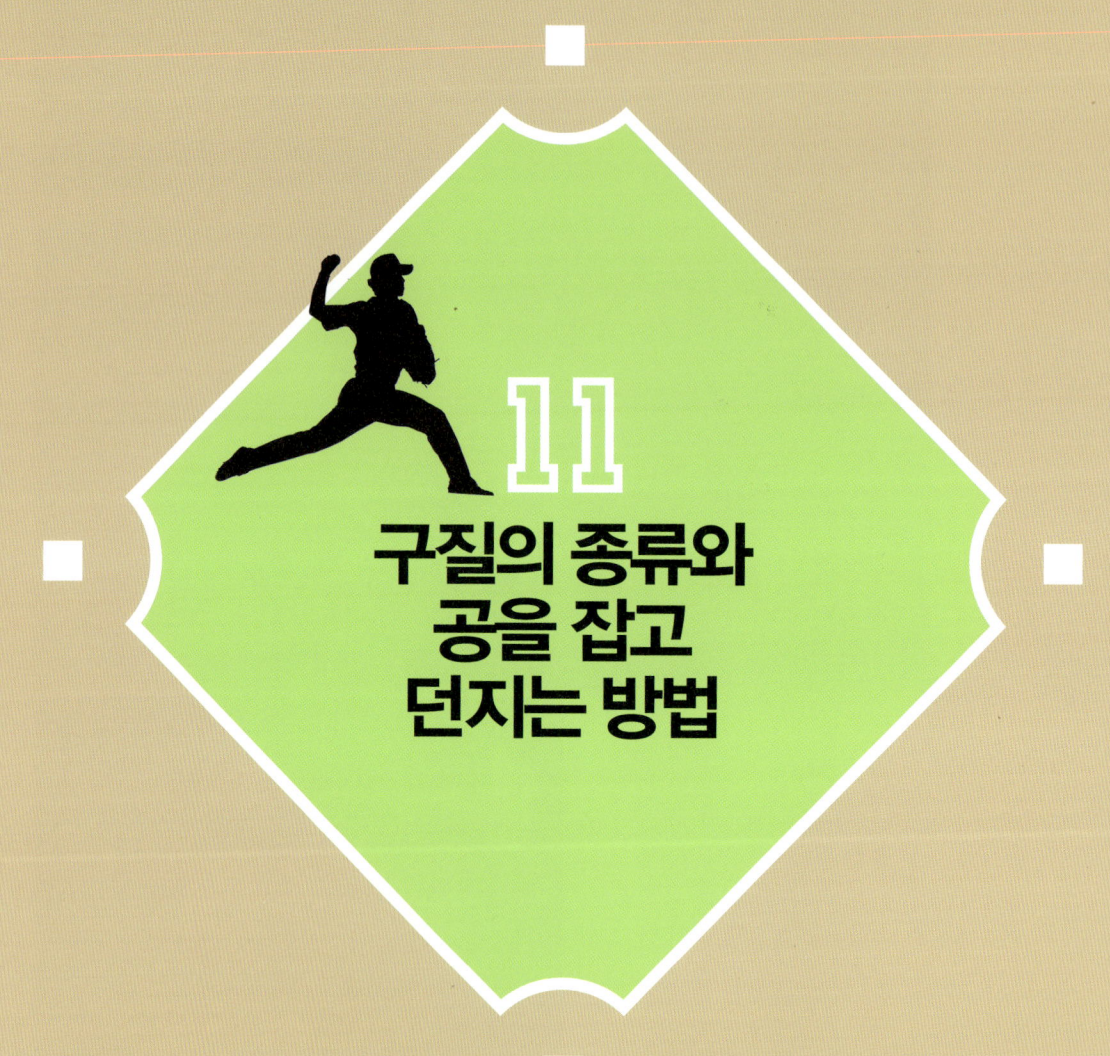

11 구질의 종류와 공을 잡고 던지는 방법

이번에는 구질의 종류와 그에 따른 공을 잡는 법 그리고 던지는 법에 대하여 알아보자. 구질은 투수가 넌지는 공의 성질을 의미한다. 각 구질은 공을 잡는 법과 던지는 방법의 차이에 의해 속도, 움직임, 궤적이 달라진다. 타자들이 다양한 구질을 보유한 투수를 상대할 경우, 고려해야 하는 공의 '경우의 수'가 증가하기 때문에 단순한 구질을 가진 투수들과 대결할 때보다 상대적으로 큰 어려움을 겪는다. 이러한 이유로 투수들은 가능한 많은 구질을 구사하려 노력하고 있다. 물론 어설프게 많은 구질의 공을 던지는 것보다는 확실한 몇 개의 구질을 연마하는 것이 좋지만, 능력이 허락하는 한도 내에서 구질 개발에 많은 힘을 쏟아야 한다. 그러면 이제부터 구질의 종류와 잡는 법, 그리고 던지는 방법을 알아보자.

우선 구질의 종류는 크게 속구와 변화구 두 가지로 나뉜다. 속구는 말 그대로 빠른 공을 의미하며 잡는 모양에 따라 포심 패스트볼 Four-seam Fastball과 투심 패스트볼 Two-seam Fastball로 나누어진다. 변화구는 오른손 투수가 포수를 향해서 던질 때 왼쪽으로 휘어지는 브레이킹볼 Breaking Ball 종류, 그 반대인 오른쪽으로 휘는 싱커 Sinker 종류, 속도의 차이를 이용해서 던지는 체인지업 Change-Up 종류와 그밖의 변화구들로 나누어진다.

이 장에서 설명하는 공을 잡는 법은 현재 선수생활을 하고 있는 각국의 프로야구 선수들이 일반적으로 쓰는 방법들이다. 그러나 손바닥의 크기와 모양, 손가락의 크기와 모양에는 개인차가 있기 때문에 여기서 설명하는 방법과 약간 다른 방법으로 공을 잡을 수 있다. 중요한 것은 이 장에서 설명하는 기본을 지키면서 각 개인에게 최적화된 방법을 찾는 것이다. 이렇게 만든 속구와 변화구야말로 어느 누구도 따라할 수 없는 독창적인 구질의 공이 될 수 있다.

야구공의 솔기 즉 실밥의 수는 108개이다. 사람들은 흔히 '108마구'라고 부르기도 하는데 그 이유는 하나하나의 실밥을 어떻게 잡느냐에 따라 구질이 여러 가지로 변하기 때문이다. 이 말을 달리 해석하면, 여전히 새로운 구질을 개발할 수 있는 여지가 많음을 의미한다. 이 장의 설명이 독자 여러분에게 영감을 주어 새로운 구질을 만들어내는 데 참고가 되었으면 한다.

01 패스트볼 Fastball

달리기가 모든 운동의 기본이라면 투수가 던지는 구질 중 가장 기본이 되는 것은 바로 패스트볼, 즉 속구다. 우리는 흔히 직구라는 말을 사용해 이 구질을 설명한다. 하지만 공은 직선으로 움직이지 않기 때문에 미국에서 사용하는 패스트볼이라는 말이 더 정확한 표현이 될 것이다. 패스트볼은 공의 솔기를 잡는 방법에 따라 크게 포심 패스트볼 Four Seam Fastball과 투심 패스트볼 Two Seam Fastball로 나누어진다.

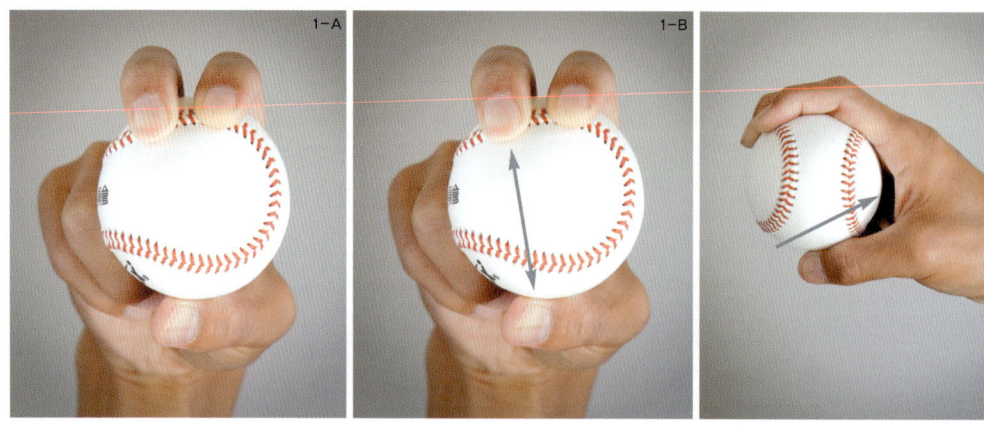

사진 1. 포심 패스트볼 잡는 법 1

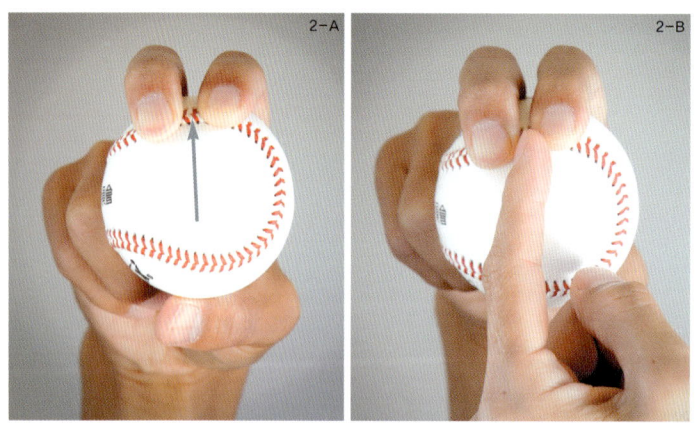

사진 2. 포심 패스트볼 잡는 법 2

🟡 포심 패스트볼

　　포심 패스트볼의 잡는 법은 사진 1-A와 같이 야구공 솔기 4개를 가로질러 잡는 것을 기본으로 하며 공을 잡을 때 다음 3가지를 꼭 기억해서 잡는 것이 중요하다.

　　첫째, 사진 1-B에서 보이는 화살표처럼 중지와 엄지가 마주보게 잡는 것이 중요하다. 투구 시 구질의 종류와 상관없이 공은 가장 긴 손가락인 중지를 마지막으로 손에서 떨어져 홈플레이트로 향한다. 그러므로 중지와 엄지가 만나는 것처럼 잡는 것이 공을 놓는 순간 가장 효과적으로 힘을 쓸 수 있으며 또한 공을 제구하는 데에도 많은 도움을 준다.

　　둘째, 사진 1-C의 화살표가 가리키는 것처럼 공을 잡을 때 손과 공 사이에 공간을 만들어야 한다. 공을 던지는 순간 손목의 스냅을 이용하려면 손과 공 사이에 공간이 필요하다. 사실 이 공간의 적절한 너비는 정해진 것이 없다. 다만 너무 많은 공간이 생기거나 너무 적은 공간이 생기게 된다면 공을 던지는 순간에 손목 스냅을 이용하기가 어려우므로 각자에 맞게 적절한 공간을 만드는 것이 중요하다.

　　마지막으로 사진 2-A의 화살표가 가리키는 부분과 같이 검지와 중지 사이를 손가락이 살짝 들어갈 정도의 너비로 잡는 것이 좋다. 너무 많이 벌려서 잡으면 공의 속도가 느려지는 대신 공을 제구하기가 쉽고 반대로 검지와 중지를 붙여서 잡는다면 공의 속도를 내는 데는 도움이 되지만 공을 제구하는 데는 어려움이 따른다. 그러므로 사진 2-B와 같이 본인의 손가락이 살짝 들어갈 정도로 잡는 것이 공을 제구하거나 공의 속도를 높이는 데 가장 이상적이다.

🟡 투심 패스트볼

　투심 패스트볼의 구질은 오른손 투수가 던졌을 경우 오른손 타자 쪽으로 약간 휘거나 떨어지며 공의 속도는 포심 패스트볼과 같거나 그보다 약 3-5km/h 정도 느린 구질의 공이다. 투심 패스트볼을 잡는 법은 사진 3과 같이 두 개의 솔기를 나란히 잡는 것을 기본으로 하며 나머지는 포심 패스트볼 잡는 방법과 동일하다. 다만 포심 패스트볼과 달리 공의 솔기를 나란히 잡기 때문에 두 손가락의 너비에 대해서는 신경을 쓸 필요가 없다. 요즘 많은 투수들이 포심 패스트볼보다 투심 패스트볼을 선호한다. 그러나 명심해야 할 것은 투심 패스트볼을 익히기 전에 먼저 포심 패스트볼을 올바르게 익혀야 한다는 점이다. 그래야만 효과적인 투심 패스트볼을 던질 수 있다.

　사진 4는 솔기를 다르게 이용해서 공을 잡은 투심 패스트볼의 그립이다. 처음 설명할 때 언급했듯이 공은 각자에 맞게 잡는 것이 가장 중요하다. 이 책에서 필자가 설명하는 공 잡는 법은 일반적으로 투수들이 가장 선호하는 것으로, 참고를 하라는 것이지 꼭 이렇게 잡으라는 것은 아님을 다시 한번 강조한다. 다른 구질도 마찬가지다.

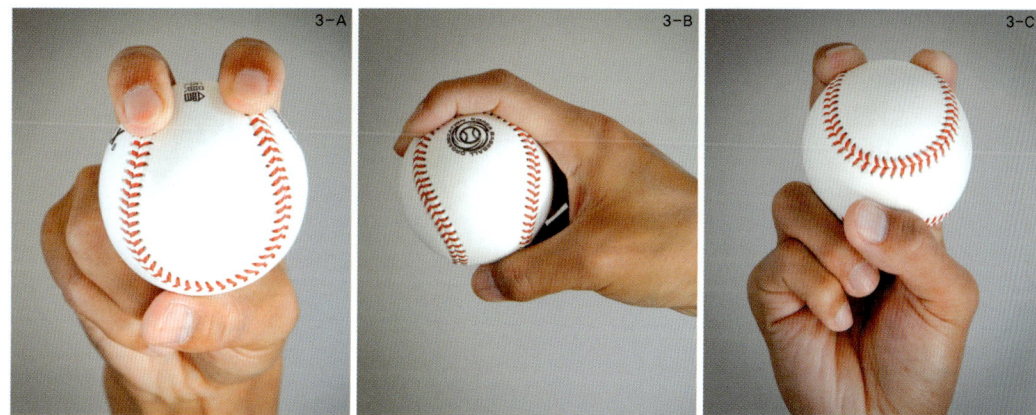

사진 3. 투심 패스트볼 잡는 법 1

사진 4. 투심 패스트볼 잡는 법 2

11 구질의 종류와 공을 잡고 던지는 방법

던지는 법 (포심, 투심 패스트볼)

먼저 포심 패스트볼 던지는 법에 대하여 알아보자. 사진 5-A에서 보는 것처럼 손바닥이 공을 놓는 위치, 즉 릴리스포인트에 왔을 때 포수와 마주보게 정면으로 향하면 된다. 그 후 사진 5-B와 같은 방향으로 오면서 공을 잡은 세 손가락에 힘을 주어 공이 빠져나가지 않게 한다는 느낌이 들 정도로 공을 꽉 잡으며 동시에 손목의 스냅을 이용해 공을 던진다.

투심 패스트볼은 포심 패스트볼과 같은 방법으로 던지는 방법과 사진 6-A처럼 포심 패스트볼보다 손바닥이 약간 바깥쪽을 향하게 한 후 사진 6-B와 같은 방향으로 내려오면서 던지는 두 가지 방법이 있다.

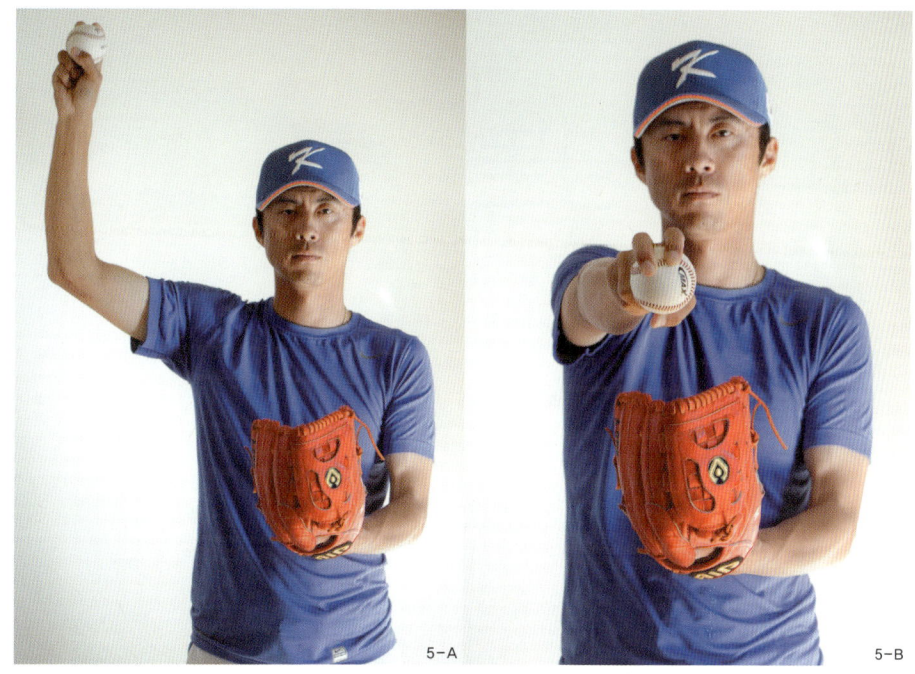

사진 5. 포심 패스트볼 던지는 법

사진 6. 투심 패스트볼 던지는 법

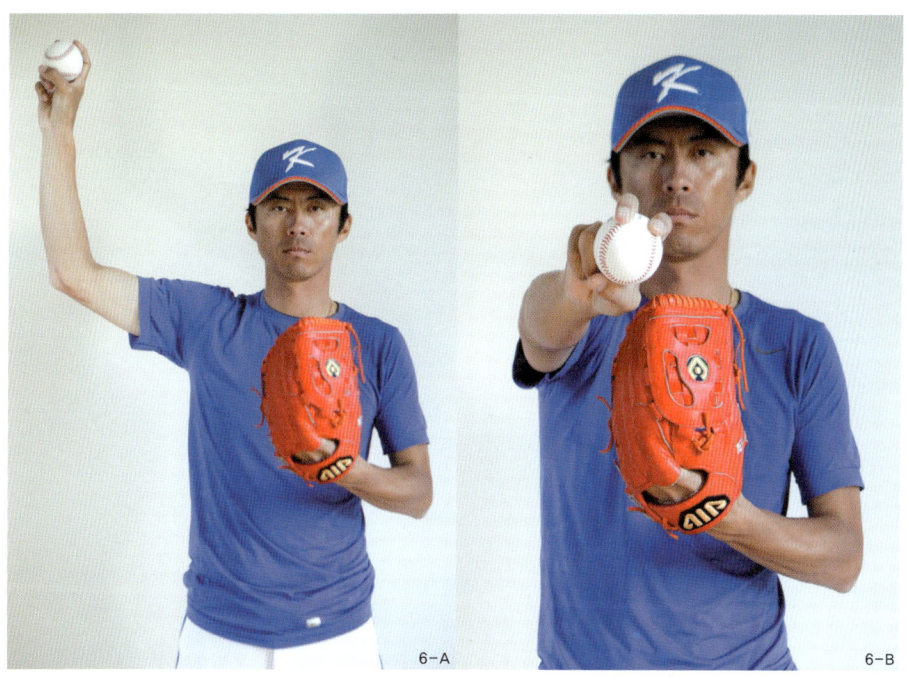

02
브레이킹볼 Breaking Ball

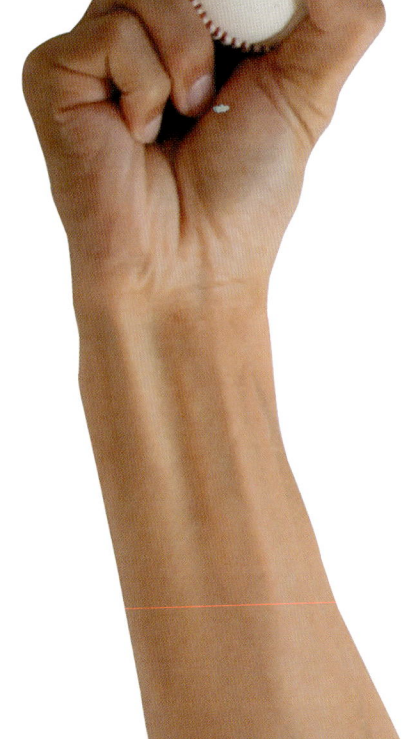

이제까지 패스트볼을 잡는 법과 던지는 법을 알아보았다면 이번에는 변화구에 대하여 알아보자. 먼저 오른손 투수가 포수를 향해 던졌을 때 오른손 타자의 바깥쪽으로 휘어져나가며 떨어지는 구질의 공을 총칭하여 브레이킹볼이라 한다. 브레이킹볼의 대표적인 구질로 컷패스트볼Cut Fastball, 슬라이더Slider, 슬러브Slurve, 그리고 커브Curve가 있으며, 공 잡는 법, 던지는 법, 그리고 팔의 각도와 모양에 따라 구질의 차이가 만들어진다.

🟡 컷패스트볼과 슬라이더

컷패스트볼의 구질은 오른손 투수가 던졌을 때 오른손 타자의 바깥쪽으로 약간 휘어져나가며 공의 속도는 패스트볼보다 적게는 약 3~5km/h 많게는 약 5~7km/h 정도 느린 구질의 공이다. 이 공을 주무기로 삼는 대표적인 투수는 뉴욕양키스의 마무리 투수인 마리아노 리베라다. 그는 이 공 하나로 메이저리그를 점령했다고 해도 과언이 아닐 정도로 그의 컷패스트볼은 아주 위력적이다. 우리나라에서는 윤석민 선수가 가장 위력적인 컷패스트볼을 던지고 있다.

슬라이더는 컷패스트볼보다 구속은 떨어지지만 휘어져나가는 정도와 떨어지는 정도가 좀더 심한 구질이다. 이 공을 주무기로 삼는 대표적인 투수는 작년에 은퇴한 랜디 존슨과 존 스몰츠가 있다. 특히 존 스몰츠는 한때 그의 별명이 '슬라이더의 클래식'이었을 정도로 위력적인 슬라이더를 던졌다. 우리나라에서는 김광현 선수가 가장 위력적인 슬라이더를 던지는 대표적인 선수 중 한 명이다.

컷패스트볼과 슬라이더 잡는 법을 함께 설명하는 이유는 공을 잡는 방법과 던지는 방법에 있어 큰 차이가 없기 때문이다. 사진 7-A처럼 패스트볼과 같은 모양으로 공을 잡거나 사진 7-B와 같이 공의 솔기를 이용해 잡는 것이 가장 일반적인 방법이다. 이때도 물론 패스트볼과 마찬가지로 중지와 엄지가 마주보게 잡는다. 그러나 패스트볼과 다르게 검지와 중지는 붙여 잡아야 한다. 이렇게 두 손가락을 붙여 잡는 이유는 공의 회전력을 배가하기 위해서이다. 물론 손가락을 붙이지 않고도 던질 수 있다. 그러나 붙여 잡을 경우 더욱더 효과적인 공을 던질 수 있다는 의미로 이해하면 좋겠다.

사진 7. 컷패스트볼, 슬라이더 잡는 법

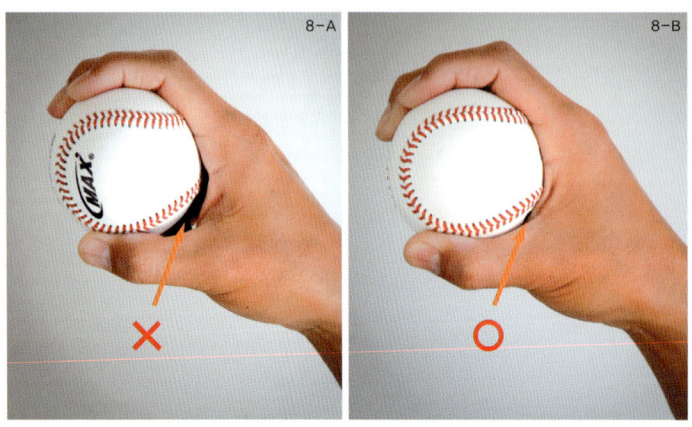

사진 8. 잘못된 브레이킹볼 잡는 법(8-A)과 올바른 브레이킹볼 잡는 법(8-B)

사진 9. 다른 솔기를 이용한 브레이킹볼 잡는 법

이렇게 컷패스트볼, 슬라이더, 슬러브 그리고 커브 등 브레이킹볼을 잡을 때 반드시 명심해야 할 점이 있다. 그것은 바로 사진 8-A에서 화살표가 가리키는 것처럼 손과 공 사이에 공간이 있어서는 안 된다는 점이다. 손과 공 사이에 공간이 생기면 손목이 회전하면서 공을 던지게 되어, 팔꿈치 부상의 원인이 되며 투수가 어떤 공을 던지는지를 타자가 미리 알 수 있기 때문에 반드시 사진 8-B와 같이 손과 공을 꽉 붙여 잡아야 한다. 이 부분은 브레이킹볼을 설명하는 마지막 부분에서 다시 한번 설명하도록 하겠다.

사진 9는 다른 솔기를 이용해서 공을 잡은 컷패스트볼과 슬라이더의 모양이다. 처음 설명할 때 언급했듯이 공을 잡는 법은 개인마다 다르다. 책에 실린 사진은 일반적으로 많은 투수들이 선호하는 그립이다.

🟡 던지는 법 (컷패스트볼, 슬라이더)

컷패스트볼과 슬라이더를 던지는 방법에 대하여 알아보자. 사진 10-A에서 보는 것처럼 손바닥이 공을 놓는 위치, 즉 릴리스포인트에 왔을 때 손바닥은 포수와 정면으로 마주보는 상태에서 비스듬히 왼쪽으로 틀어서 사진 10-B와 같이 내려오는 것이 컷패스트볼이다. 슬라이더는 사진 10-C처럼 컷패스트볼보다 조금 더 틀어서 사진 10-D와 같이 내려오면 된다.

이때 손목의 모양은 릴리스포인트 위치에서 사진 10-A, C처럼 만든 후 그 자세를 유지하며 마치 태권도에서 손날을 내려치듯이 힘차게 사진 10-B, D와 같이 내려오며 공을 던지면 된다. 또한 패스트볼을 던질 때처럼 공을 놓는 순간에 세 손가락에 힘을 주어 공을 꽉 잡는다는 느낌으로 공을 던진다.

사진 10-A, B. 컷패스트볼 던지는 법

사진 10-C, D. 슬라이더 던지는 법

🟡 슬러브와 커브

슬러브는 슬라이더와 커브의 중간 상태인 구질로 슬라이더보다 더 많이 휘면서 떨어지며, 공의 속도는 슬라이더보다 약 5~10km/h 정도 느리다. 이 공을 주무기로 삼는 대표적인 투수는 현재 메이저리그에서 활약하고 있는 박찬호 선수를 꼽을 수 있다.

커브는 12시 방향에서 6시 방향으로 떨어지는 구질과 2시 방향에서 7시 방향으로 떨어지는 구질의 두 가지 종류가 존재한다. 사람마다 조금씩 차이점이 있지만, 브레이킹볼 중에서 속도가 가장 느린 구질이다. 이 공을 주무기로 삼는 대표적인 투수는 크리스 카펜터와 C.C.사바시아로 현재 메이저리그를 대표하는 투수들이다. 우리나라에서는 류현진과 정현욱이 가장 위력적인 커브를 던지는 투수들이다.

슬러브와 커브를 잡는 법은 상대적으로 간단하다. 앞에서 설명한 컷패스트볼이나 슬라이더처럼 잡거나 사진 11-A처럼 잡으면 된다. 중요한 점은 사진 11-A, B와 같이 검지와 중지를 붙여 잡고 손과 공 사이에 공간이 없게 잡아야 한다는 점이다. 이렇게 공을 잡는 이유는 손목의 회전을 막아 팔꿈치 부상을 예방하고 타자가 미리 알아채지 못하게 하는 두 가지 장점이 있기 때문이다.

사진 12는 일반적인 커브 그립이 아니라 각 개인의 개성에 맞게 잡은 커브 그립을 보여주고 있다. 사진 12-A, B는 봉중근 선수가 주로 던지는 공으로 구질은 커브와 거의 흡사하다. 다만 잡는 모양이 너클볼과 비슷하다 하여 너클커브Knuckle Curve로 불리고 있다. 사진 12-C, D 역시 커브 그립 중 하나로 지금은 은퇴한 이상훈 선수가 주로 사용했던 그립이다. 한 손가락을 이용해 잡는다 하여 원핑거커브One Finger Curve로 불리고 있다.

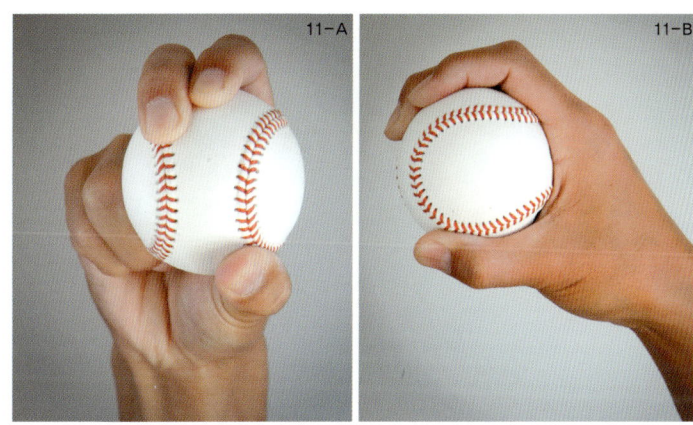

사진 11. 슬러브와 커브 잡는 법

사진 12. 슬러브와 커브를 다르게 잡는 법

사진 13-A, B. 슬러브 던지는 법

사진 13-C, D. 커브 던지는 법

🟡 던지는 법(슬러브, 커브)

이제까지 슬러브와 커브를 잡는 법에 대하여 알아보았다. 이제 던지는 방법에 대하여 알아보자. 사진 13-A에서 보는 것처럼 손바닥이 릴리스포인트에 왔을 때 포수를 향하게 하고 슬라이더보다 조금 더 비스듬히 왼쪽으로 틀어서 사진 13-B처럼 내려오는 것이 슬러브다. 커브는 사진 13-C와 같이 슬러브보다 조금 더 틀어서 사진 13-D처럼 내려오면 된다.

이때 손목의 모양은 릴리스포인트 위치로 오면서 사진 13-A, C와 같은 형태로 만든 후 그 자세를 유지하며 마치 태권도에서 손날을 내려치듯이 힘차게 사진 13-B, D처럼 내려오며 공을 던지면 된다. 또한 패스트볼과 같이 공을 놓는 순간에 세 손가락에 힘을 주어 공을 꽉 잡는다는 느낌으로 공을 던진다. 다만 너클커브의 경우 던지는 순간에 검지를 튕기듯 공을 밀어 던지며, 다른 모든 동작은 커브와 동일하다.

사진 14. 브레이킹볼의 팔 회전 모습

패스트볼 (2006. 8. 8)   슬라이더 (2007. 5. 23)   스플리트 (2006. 8. 26)

사진 15. 존 스몰츠의 구질에 따른 투구 동작 비교

브레이킹볼 잡는 법과 던지는 법에서 중요한 점은 손과 공 사이에 공간이 없게 잡아야 하며 절대 손목을 비틀어서 회전을 주면 안 된다는 것이다. 그 이유에 대하여 지금부터 설명하도록 하겠다.

사람은 누구나 공을 던지고 난 후에는 사진 14-A처럼 팔이 자연스럽게 바깥쪽으로 회전하게 된다. 이 사진은 여러분도 TV나 신문의 사진을 통해서 많이 보았을 것이다. 만약 브레이킹볼을 던질 때 사진 14-B처럼 손목의 회전을 이용해 투구를 하게 되면, 팔은 사진 14-C와 같이 다시 바깥쪽으로 회전해야 하기 때문에 팔은 그 짧은 순간에 두 번의 상반된 방향으로 회전을 하게 된다. 이 동작을 텔레비전의 느린 화면을 통해서 본 독자들도 있을 것이다. 이러한 팔의 회전은 팔꿈치 부상의 주요 원인이 된다. 그러므로 손목의 회전을 최대한 줄이기 위해 공과 손 사이의 공간이 없도록 잡아야 하며, 손목과 팔뚝은 태권도에서 손날치기를 하듯이 움직임 없이 내려와야 한다. 그래야만 팔이 상반된 방향으로 두 번 회전하는 것을 최대한 막아 부상을 방지할 수 있게 된다.

게다가 이렇게 공을 잡으면 부상 방지와 더불어 타자에게 구질을 노출시키지 않는 또 하나의 장점이 생긴다. 사진 15는 존 스몰츠의 패스트볼, 슬라이더, 스플리트 사진을 나누어 보여주고 있다. 사진의 날짜를 보면 알겠지만 같은 날 던진 것이 아니라 각각 다른 날 그것도 1년이나 시간을 둔 사진이다. 하지만 사진을 보면 알 수 있듯이 손목과 팔뚝의 모양만 바뀌었을 뿐 나머지는 패스트볼과 거의 같은 모습으로 던지고 있는 것을 알 수 있다. 왜 존 스몰츠가 메이저리그에서 300승 이상을 거둔 최고의 투수 중 한 명이었는지를 알 수 있는 사진이다.

03 러너 Runner 싱커 Sinker 슈트 Shoot

이제까지 브레이킹볼을 잡는 법과 던지는 법을 알아보았다면 이번에는 그 반대쪽으로 휘는 변화구에 대하여 알아보자. 오른손 투수가 포수를 향하여 공을 던졌을 때 오른손 타자의 몸 쪽으로 휘어져 들어가거나 떨어지는 구질의 공을 우리나라에서는 싱커, 혹은 슈트라는 이름의 변화구로 부른다. 이 구질의 공은 미국에서도 같은 이름으로 불린다. 다만 여기에 러너라는 구질이 더 있다. 이 구질도 역시 앞에서 설명한 구질들과 마찬가지로 공의 솔기를 잡는 법, 던지는 법, 그리고 팔의 각도와 모양에 따라 차이가 발생하게 된다.

🟡 러너, 싱커, 슈트

우선 러너란 구질은 무척 생소하게 들리지만 컷패스트볼이 반대 방향으로 움직이는 것이라고 생각하면 쉽다. 오른손 투수가 오른손 타자의 몸 쪽으로 약간 휘어 들어가게 던지는 공으로 속도는 패스트볼과 거의 같거나 약 3-5km/h 정도 느리다. 이 공을 주무기로 삼는 투수를 찾아보기는 어렵다. 다만 이런 구질도 있다는 것을 언급하고 싶다.

싱커는 슬라이더와 비슷한 구속과 움직임을 가지고 있는 구질로 휘어지는 방향이 슬라이더와 반대인 구질이다. 이 공을 주무기로 삼는 대표적인 투수는 애리조나다이아몬드백스의 브랜든 웹이다. 브랜든 웹은 이 공 하나로 20승을 달성했다고 말할 정도로 위력적인 싱커를 던지는 투수다. 우리나라에서는 유동훈 선수가 가장 위력적인 싱커를 던지고 있는 투수 중 한 명이다.

슈트는 우타자 몸 쪽으로 휘면서 위로 조금 솟구치는 공으로 속도는 패스트볼과 거의 같은 구질이다. 이런 공은 일본 투수들이 주무기로 가장 많이 던진다.

마지막으로 쉽게 정리하자면 오른손 투수가 포수를 향해 던졌을 때 오른손 타자 쪽으로 살짝 휘는 것이 러너, 휘면서 떨어지는 것이 싱커, 슈트는 러너처럼 움직이면서 조금 더 옆으로 휘거나 위로 솟구치는 공을 말한다.

이 세 가지 구질의 공 잡는 법을 함께 설명하는 이유는 공을 잡는 방법과 던지는 방법에 있어 큰 차이가 없기 때문이다. 사진 16-A와 같이 포심 패스트볼 잡는 방법과 유사한 모양으로 공을 잡거나, 사진 16-B와 같이 공의 솔기를 이용해 투심 패스트볼처럼 잡거나 사진 16-C, D와 같이 솔기를 약간 다르게 잡는 것이 가장 일반적인 방법이다. 이때도 물론 중지와 엄지가 마주보게 잡으며 나머지는 패스트볼 잡는 방법과 동일하다.

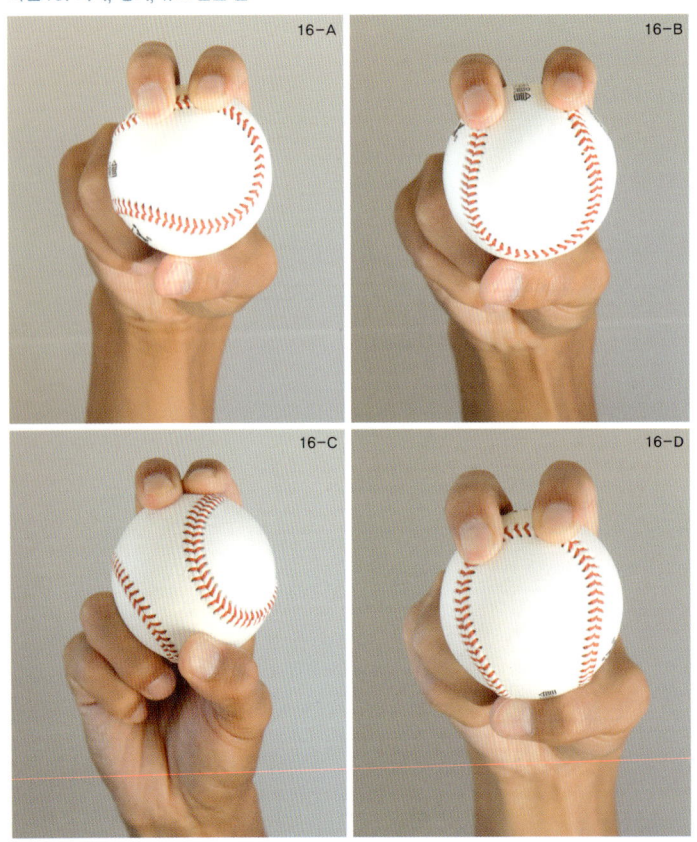

사진 16. 러너, 싱커, 슈트 잡는 법

🟡 던지는 법

러너와 싱커는 투심 패스트볼과 마찬가지로 던지면 된다. 사진 17-A처럼 포심 패스트볼보다 손바닥을 약간 바깥쪽으로 향하게 한 후 사진 17-B와 같은 방향으로 내려오면서 포심 패스트볼과 같은 방법으로 던지면 된다. 또한 싱커와 슈트는 사진 17-C와 같이 러너나 투심 패스트볼보다 약간 더 바깥쪽을 향하게 한 후 사진 17-D와 같이 던지면 된다.

사진 17. 러너, 싱커, 슈트 던지는 법

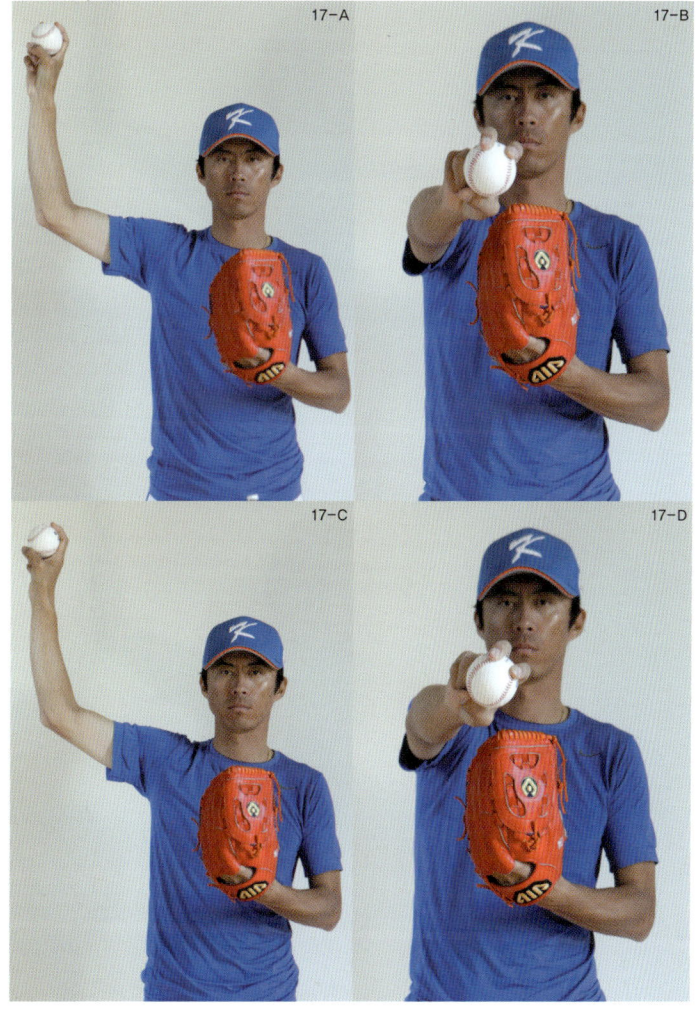

04 체인지업 Change-Up

이번에 배울 변화구는 속도의 차이를 이용해서 던지는 체인지업이다. 우선 체인지업은 오른손 투수가 목표인 포수를 향하여 던졌을 때 패스트볼과 거의 같은 회전으로 가지만 속도가 다르며, 오른손 타자의 몸 쪽으로 휘면서 떨어지는 구질의 공이다. 우리나라에서뿐만 아니라 미국에서도 체인지업이라는 단어로 부른다. 하지만 이전에 설명한 공들과 마찬가지로 공의 솔기를 잡는 법, 던지는 법, 그리고 팔의 각도와 모양에 따라 서클체인지업 Circle Change-Up, 원핑거 체인지업 One Finger Change-Up, 그리고 스리핑거 체인지업 Three Finger Change-Up이란 이름으로 불린다.

사진 18. 체인지업 잡는 법 1

사진 19. 체인지업 잡는 법 2

🟡 서클체인지업

서클체인지업은 포심 패스트볼과 같은 회전과 속도로 오는 것처럼 느껴지지만 점점 속도가 떨어져 패스트볼과 약 20~30km/h 정도 차이가 생기는 구질의 공이다. 이렇게 공의 속도가 감소하기 때문에 오른손 투수가 오른손 타자에게 던졌을 경우 공이 타자 쪽으로 살짝 휘면서 떨어진다.

서클체인지업을 잡는 법은 사진 18에서 보는 것처럼 엄지와 검지를 서클 모양으로 만든 후 중지와 약지로 패스트볼보다 약간 벌려 잡는다. 공의 솔기는 각 개인이 편한 대로 잡는다. 이 공을 주무기로 삼는 대표적인 투수는 뉴욕메츠의 요한 산타나로 지금 현역에서 뛰고 있지만 벌써 명예에 전당에 들어갈 자격을 갖춘 투수다. 우리나라에서는 류현진 선수가 서클체인지업을 가장 위력적으로 던지는 대표적인 투수다.

사진 19는 각각 다른 서클 모양으로 공을 잡은 서클체인지업의 예다. 처음 설명할 때 언급했듯이 공은 각자 맞도록 잡는 것이 가장 중요하다. 보고 있는 사진은 일반적으로 투수들이 가장 선호하는 그립의 모습들이다.

🟡 원핑거 체인지업, 스리핑거 체인지업

　원핑거 체인지업이나 스리핑거 체인지업의 구질은 서클체인지업과 거의 동일하다. 다만 사진 20에서 보는 것처럼 중지만을 이용해서 공을 잡고 던지기 때문에 원핑거 체인지업이라고 불리며 사진에서 보는 것처럼 중지와 엄지를 마주보게 잡는 것이 중요하다. 스리핑거 체인지업은 사진 21과 같이 세 손가락을 이용해서 공을 잡고 던지기 때문에 스리핑거 체인지업이라고 부른다. 이때 세 손가락의 너비나 엄지와 새끼손가락의 모양은 각자 편안하게 잡는다. 또한 공의 솔기도 각자 편한 대로 잡는 것이 좋다.

사진 20. 원핑거 체인지업 잡는 법

사진 21. 스리핑거 체인지업 잡는 법

🟡 던지는 법

　서클체인지업, 원핑거 체인지업 그리고 스리핑거 체인지업은 잡는 방법만 각각 다를 뿐이지 던지는 방법은 같다. 사진 22-A와 같이 서클을 한 모양이 포수 쪽으로 향하게 한 후 사진 22-B처럼 서클의 모양이 바닥을 향하게 던지면 된다. 다시 쉽게 설명하면 팔의 위치가 사진 22-A와 같이 왔을 때 손바닥이 커브와 반대로 바깥쪽을 향하게 한 후 태권도에서 손날을 내려치듯 던지면 된다.

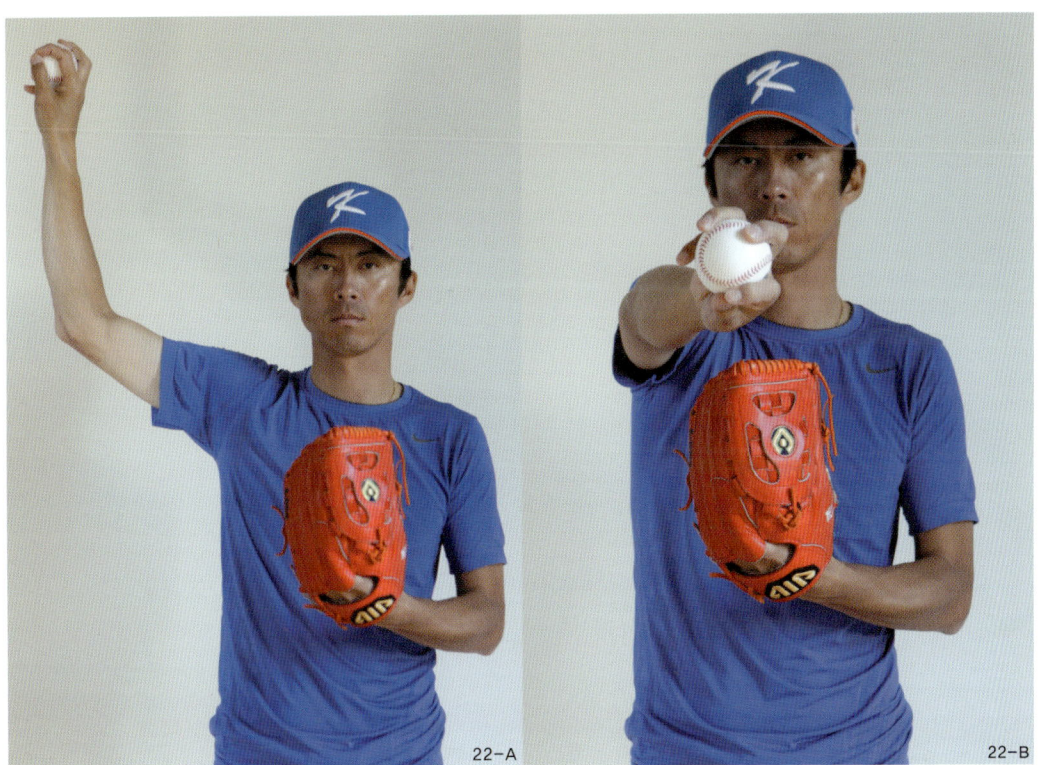

사진 22-A, B. 원핑거, 스리핑거 체인지업 던지는 법

05
스플리트핑거 패스트볼 Split Finger Fastball
포크볼 Forkball

이번에 설명할 변화구는 스플리트핑거 패스트볼과 포크볼이다. 우선 스플리트핑거 패스트볼은 우리나라에서는 '반 포크'란 말로 많이 불리지만 정확한 표현은 스플리트핑거 패스트볼이다.

스플리트핑거 패스트볼과 포크볼의 구질은 회전이 패스트볼보다 적으며 홈플레이트 앞에서 오른손 타자 쪽으로 휘면서 떨어지는 공으로 속도는 패스트볼보다 약 15~25km/h 정도 느린 구질이다.

🟡 스플리트핑거 패스트볼과 포크볼 잡는 법

스플리트핑거 패스트볼을 잡는 법은 사진 23과 같이 검지와 중지 사이에 공을 끼워서 잡는다. 포크볼의 구질은 스플리트핑거 패스트볼과 같으며 다만 속도가 좀더 떨어질 뿐이다. 포크볼을 잡는 법은 아주 간단하다. 사진 24와 같이 스플리트핑거 패스트볼보다 조금 더 넓게 잡는 것이 포크볼이다.

이 두 가지 공을 잡을 때 중요한 점은 사진 23-B, 24-C의 화살표와 같이 엄지가 검지와 중지 가운데로 오게 잡아야 한다는 점이다. 이렇게 잡아야만 오른손 투수가 오른손 타자를 향해 던졌을 때 바로 떨어지거나 타자 쪽으로 휘면서 떨어지기 때문이다. 이 공을 주무기로 삼고 있는 대표적인 투수로는 은퇴한 로저 클레멘스와 커트 실링을 들 수 있다. 우리나라에서는 조정훈 선수가 가장 위력적인 포크볼을 던지는 투수다.

커트 실링Curt Schilling 통산 216승 146패, 방어율 3.46. 정확한 제구력을 바탕으로 완투 능력이 뛰어나다는 평가를 받았다. 랜디 존슨과 애리조나다이아몬드백스에서 1, 2선발을 맡았다.

사진 23. 스플리트핑거 패스트볼 잡는 법

  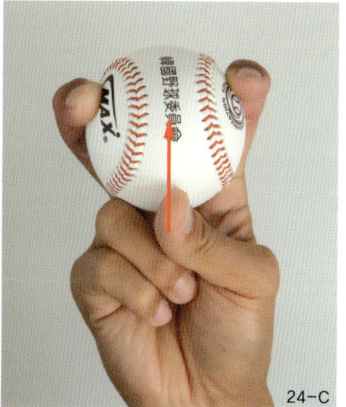

사진 24. 포크볼 잡는 법

🟡 던지는 법

던지는 법은 아주 간단하다. 사진 25-A와 같이 패스트볼을 던진다는 생각으로 사진 25-B처럼 내려오며 던지면 된다. 다만 던질 때 공이 손에서 빠지거나 미끄러지지 않도록 주의해서 잡는 것이 중요하다.

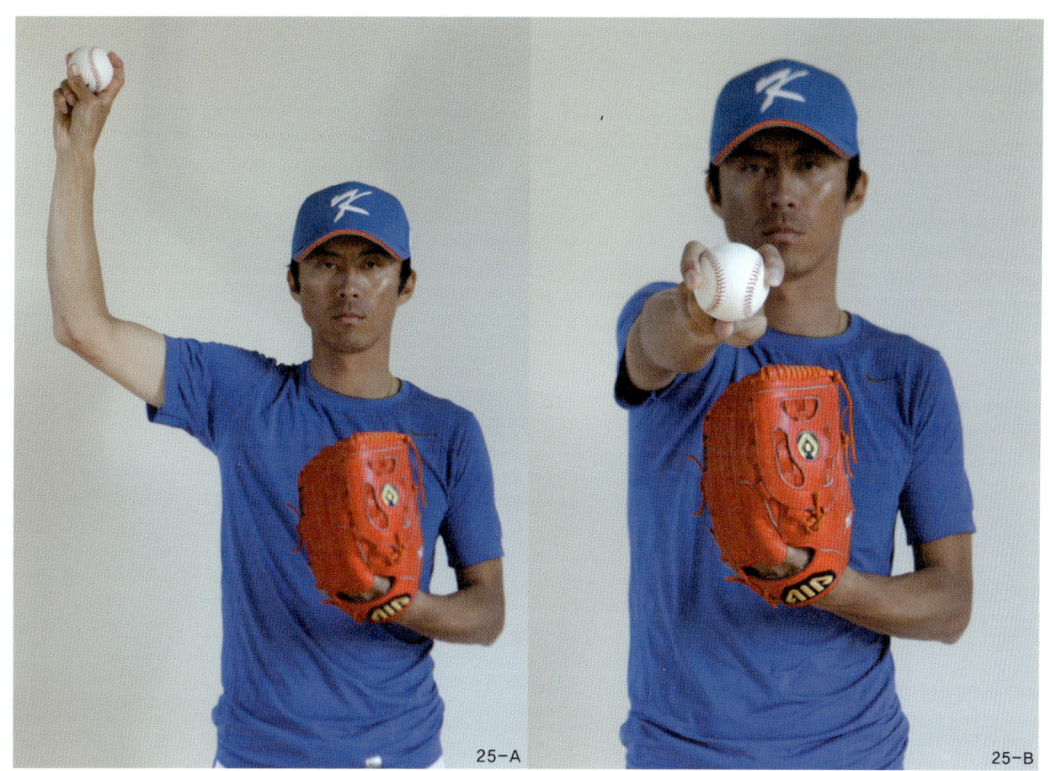

사진 25. 스플리트핑거 패스트볼, 포크볼 잡는 방법

06
너클볼 Knuckleball
팜볼 Palm Ball

마지막으로 배울 변화구는 너클볼과 팜볼이다. 너클볼은 공기의 저항에 따라 어느 쪽으로 휘거나 떨어질지 예측이 불가능한 구질이며 팜볼은 체인지업과 같은 구질이다.

○ 너클볼

너클볼의 구질은 공기의 저항에 따라 공이 자유자재로 휘고 떨어지며 공의 속도는 변화구 중에서 가장 느린 구질이다. 너클볼을 잡는 법은 사진 26과 같이 두 손가락을 구부려 마치 집게로 집는 모양처럼 공을 잡는다. 이 공을 주무기로 삼는 대표적인 투수로는 보스턴레드삭스의 팀 웨이크필드가 있다. 그는 이 공 하나로 현재까지 야구를 지속할 수 있었다. 현재 우리나라 선수 중에는 정확히 던지는 투수가 없으며 일본에서 활약 중인 김경태 투수가 너클볼을 가장 올바르게 던진다고 볼 수 있다.

◉ 너클볼 던지는 법

너클볼은 잡는 방법뿐 아니라 던지는 방법 또한 쉽지 않다. 사진 27-A와 같이 너클볼을 잡은 후 공을 놓는 위치에 온다. 그 후 사진 27-B와 같이 공을 놓는 순간에 손목을 세우는 것이 중요하며 마지막으로 사진 27-C와 같이 세 손가락을 튕기듯 밀며 던진다. 던지는 도중 공이 손에서 빠져나가지 않도록 손톱과 손가락의 힘을 길러야 한다.

  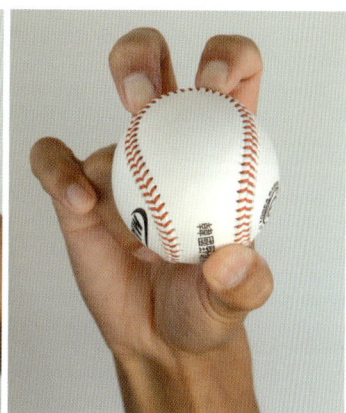

사진 26. 너클볼 잡는 법

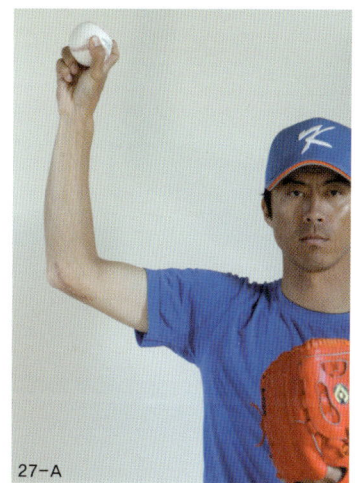  

사진 27. 너클볼 던지는 법

27-A 27-B 27-C

사진 28. 팜볼 잡는 법

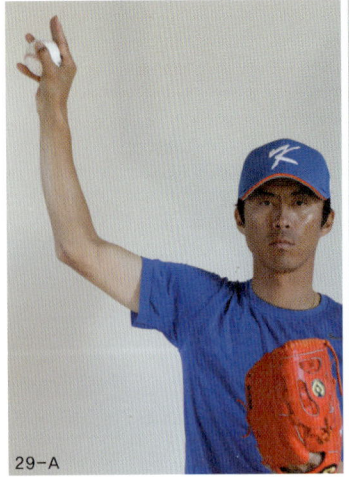 

사진 29. 팜볼 던지는 법

🟡 팜볼

팜볼의 구질은 체인지업과 거의 같다고 생각하면 된다. 오른손 투수가 오른손 타자에게 던졌을 때 바로 떨어지거나 타자 몸 쪽으로 휘어 떨어지며 공의 속도 역시 체인지업과 비슷한 구질이다.

팜볼을 잡는 법은 사진 28-A와 같이 검지와 중지를 제외한 나머지 손가락과 손바닥 전체로 공을 감싸 잡는다. 또는 사진 28-B처럼 손가락 전체와 손바닥으로 감싸 잡는 방법도 있다. 이 공을 주무기로 삼는 투수는 흔치 않으며 우리나라에서는 오승환 선수가 가장 올바르게 팜볼을 던지는 대표적인 투수다.

🟡 팜볼 던지는 법

던지는 방법은 체인지업과 같다. 사진 29-A와 같이 팜볼을 잡은 손바닥이 커브와 반대로 바깥쪽을 향하게 한 후 사진 29-B처럼 내려오며 던지면 된다.

07
던지는 방법 총정리

마지막으로 패스트볼과 변화구를 던지는 방법을 다시 한번 간단히 복습하고 다음 장으로 넘어가도록 하자. 앞에서도 여러 번 언급했듯이 공을 잡는 방법은 참고만 하고 각자가 가장 편안한 방법으로 잡으면 된다. 던지는 방법은 다시 한번 사진을 보면 쉽게 이해할 수 있을 것이다. 손은 공을 잡지 않은 상태에서 공을 놓는 위치에 오고 있을 때의 손 모양으로 나타내었다. 다음 페이지의 사진 30을 보면 손 모양이 조금씩 다른 것을 알 수 있을 것이다. 앞에서도 여러 번 언급했듯이 사진과 같이 던져야만 팔꿈치의 부상을 방지할 수 있을 뿐만 아니라 타자의 눈에는 모두 패스트볼을 던지는 것처럼 보이므로 타자를 공략하기가 더욱 쉬워진다.

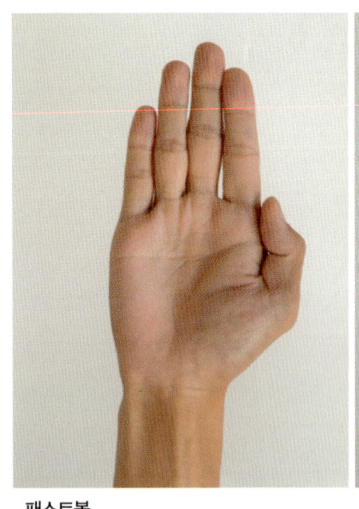
패스트볼

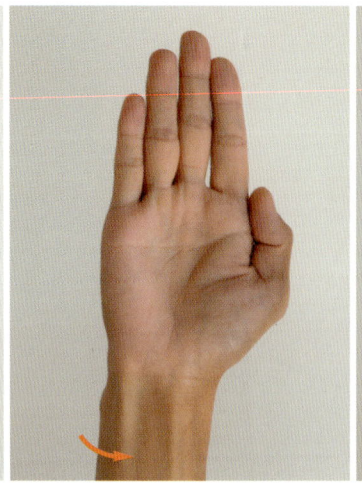
컷패스트볼

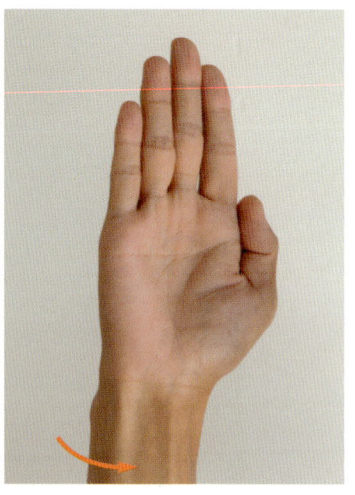
슬라이더

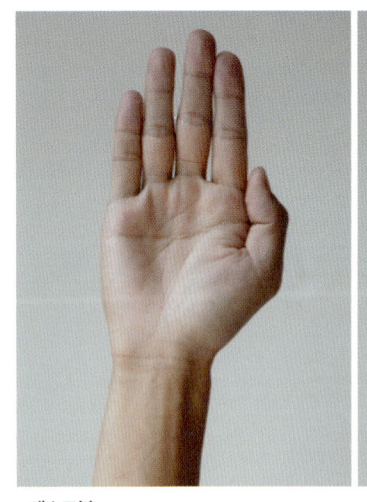
패스트볼

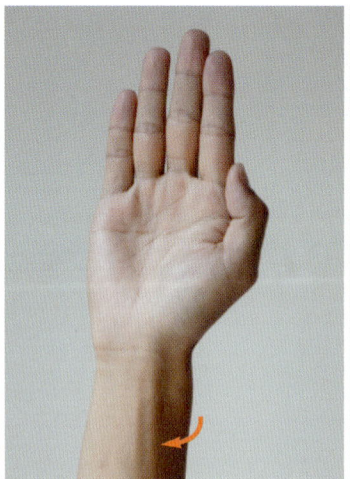
투심, 러너

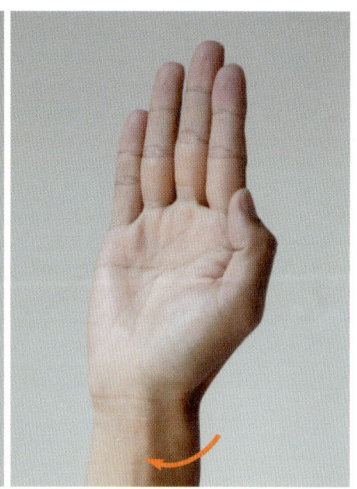
싱커

사진 30. 구질에 따른 손 모양의 변화

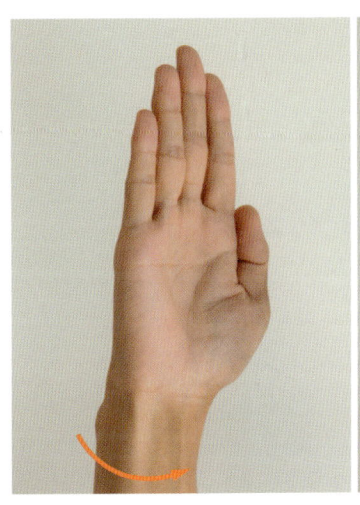
슬러브

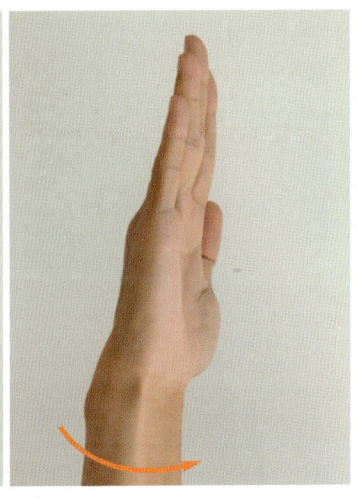
커브

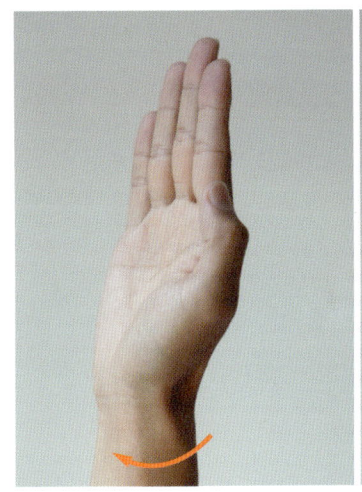
슈트

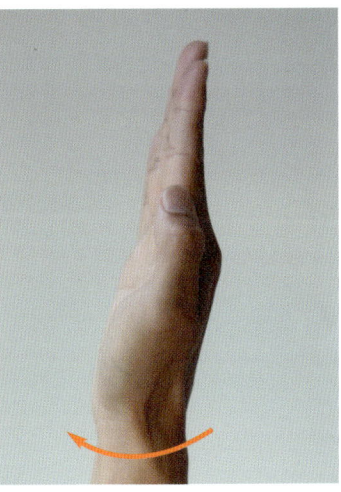
체인지업

사진 30처럼 패스트볼을 던질 때는 손바닥을 정면으로 향하고 컷패스트볼은 손바닥을 비스듬히 돌린다. 슬라이더, 슬러브 순으로 조금씩 더 돌린 후 커브를 던질 때는 사진과 같이 손바닥을 돌린다. 투심 패스트볼이나 러너는 손바닥을 반대쪽으로 비스듬히 돌리고 싱커, 슈트 순으로 조금씩 더 돌린 후 체인지업을 던질 때는 사진처럼 손을 커브의 반대쪽으로 90도 정도 돌린다.

그 후 손 모양을 유지하며 사진 31과 같이 태권도에서 손날 격파를 하듯이 힘차게 내려오며 던지면 된다.

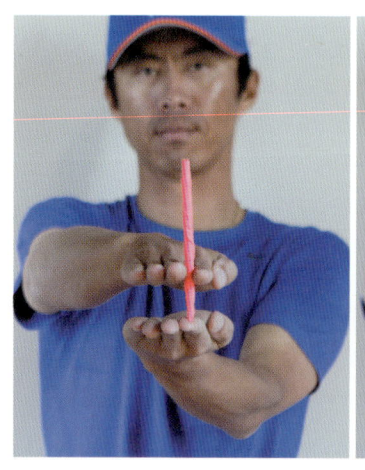
패스트볼

컷패스트볼

슬라이더

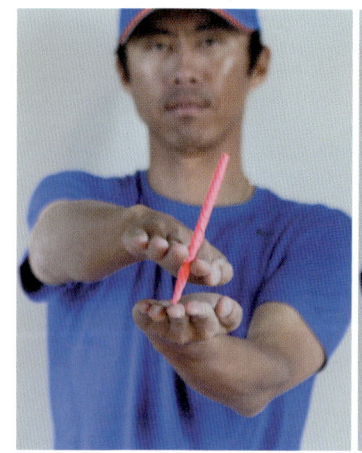
투심, 러너

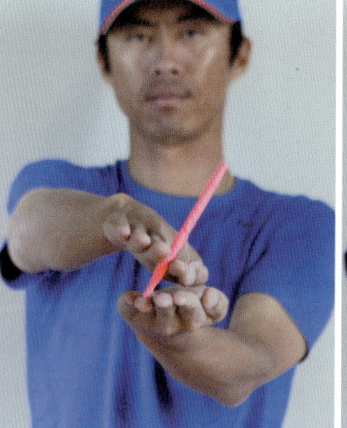
싱커

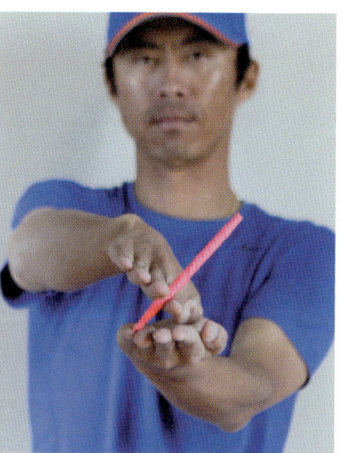
슈트

사진 31. 구질에 따른 손 모양의 변화

슬러브

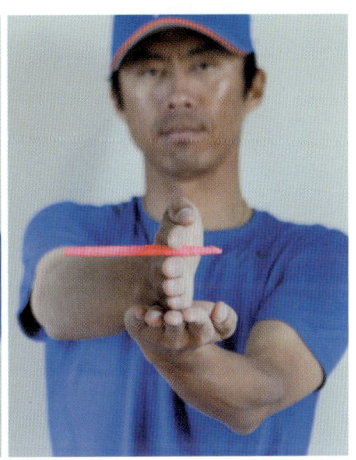

커브

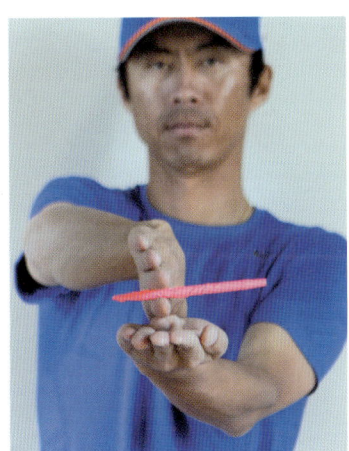

체인지업

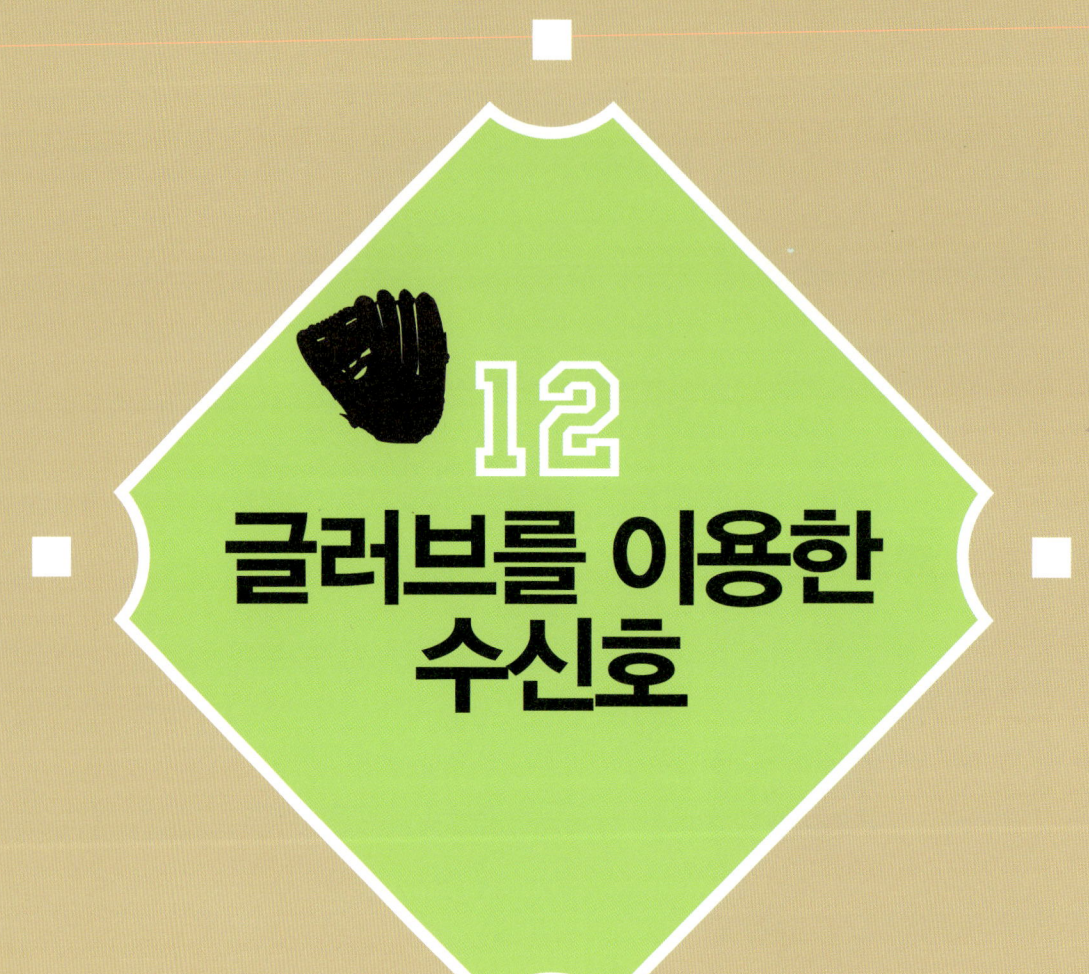

12
글러브를 이용한 수신호

이번에는 투수가 글러브를 이용해 포수에게 어떻게 구질을 설명할 수 있는지에 대하여 알아보자. 투수가 포수에게 말로 의사를 전달하지 않고 글러브를 이용해 수신호를 하는 것이다. 이렇게 글러브를 이용해 포수와 수신호를 하는 이유는 다음과 같다.

첫째, 시합 때는 관중들의 함성 때문에 투수의 말이 포수에게 잘 전달되지 않는다. 따라서 투수는 수신호로 포수에게 구질을 알려주는 것이 좋다. 또한 학교나 구장에서 연습 투구를 할 때도 투수의 말이 포수에게 잘 전달되지 않을 때가 있으므로 수신호를 통하여 의사소통을 하게 되면 투수가 좋은 리듬을 가지고 투구를 할 수 있고 그 흐름을 잃지 않게 된다.

둘째, 투수가 연습 투구 시 말로 공의 구질을 포수에게 전달하게 되면 타자가 공의 움직임을 미리 파악할 수 있다. 글러브를 이용해 포수에게 구질을 알려주는 방법은 미국의 메이저리그뿐만 아니라 일본, 우리나라에서도 활용하고 있다.

그러면 어떻게 글러브의 모양으로 포수에게 공의 구질을 전달할 수 있는지 알아보자.

- 직구(포심 패스트볼, 투심 패스트볼)
- 브레이킹 볼(컷패스트볼, 슬라이더, 슬러브, 커브)
- 체인지업(서클, 원핑거, 스리핑거 체인지업)
- 스플리트핑거 패스트볼(포크볼, 너클볼, 팜볼)

01
패스트볼 포심 패스트볼, 투심 패스트볼

1. 사진 1-A와 같이 글러브의 공을 잡는 부분이 배를 가리키게 한다.
2. 사진 1-B와 같이 글러브를 포수 방향으로 들어 앞으로 움직이면서 자연스럽게 글러브의 공을 잡는 부분이 땅바닥으로 향하게 한다.
3. 사진 1-C, D와 같이 글러브를 오른쪽, 왼쪽으로 움직여 직구의 방향을 알려준다.
4. 러너와 싱커 그리고 슈트도 이와 같은 방법으로 포수에게 수신호를 한다.

1-A 1-B

1-C 1-D

사진1. 패스트볼의 수신호

12 글러브를 이용한 수신호

02
브레이킹볼

🟡 컷패스트볼, 슬라이더

1. 사진 2-A와 같이 글러브를 옆으로 눕힌다.
2. 사진 2-B와 같이 글러브를 왼쪽 방향으로 자연스럽게 움직인다.

🟡 슬러브, 커브

1. 사진 3-A와 같이 글러브의 공을 잡는 부분을 배 쪽으로 향하게 한다.
2. 사진 3-B, C와 같이 연속 동작으로 글러브의 공 잡는 부분을 하늘로 향하게 글러브 전체를 회전시킨다.

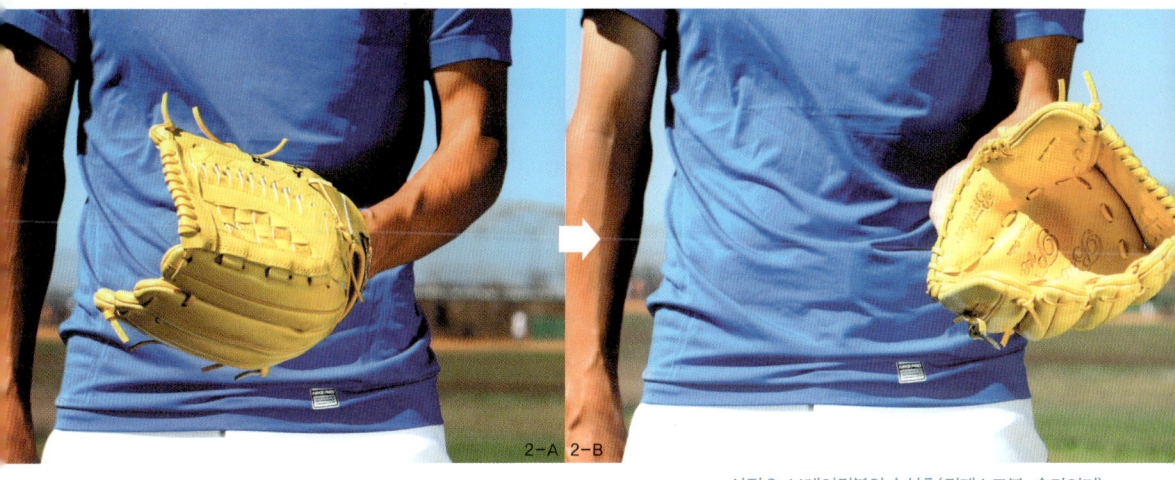

2-A 2-B

사진 2. 브레이킹볼의 수신호(컷패스트볼, 슬라이더)

3-A 3-B

사진 3. 브레이킹볼의 수신호(슬러브, 커브)

3-C

03
체인지업
(서클·스리핑거·원핑거 체인지업)

1. 사진 4-A와 같이 글러브의 공을 잡는 부분을 포수가 볼 수 있도록 한다.
2. 사진 4-B와 같이 사진 4-A의 모양을 유지한 채 몸 쪽으로 글러브를 당긴다.

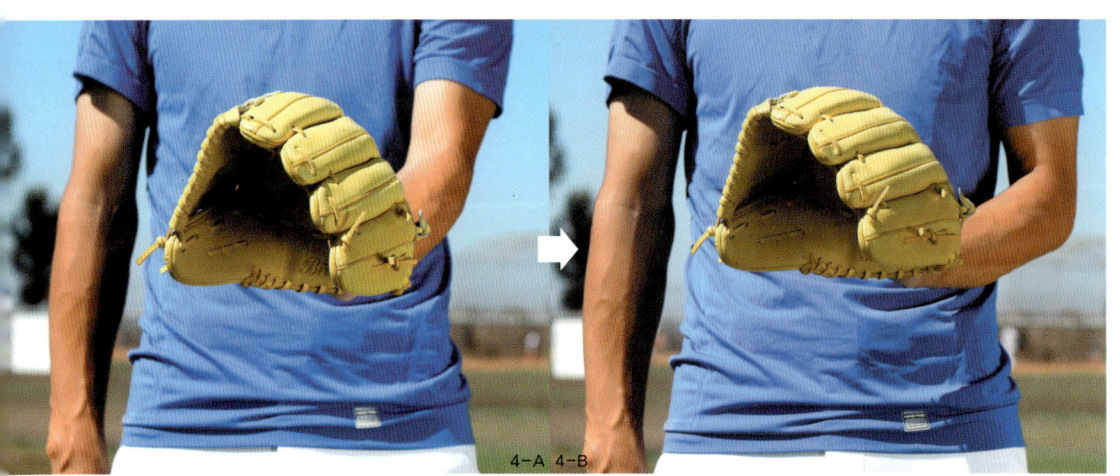

4-A 4-B

사진 4. 체인지업의 수신호(서클·쓰리핑거·원핑거 체인지업)

04 스플리트핑거 패스트볼
(포크볼, 니클볼, 팜볼)

1. 사진 5-A와 같이 글러브의 공을 잡는 부분을 포수가 볼 수 있도록 한다.
2. 사진 5-B와 같이 글러브를 밑으로 떨어뜨려 공을 잡는 부분이 배를 향하게 한다.

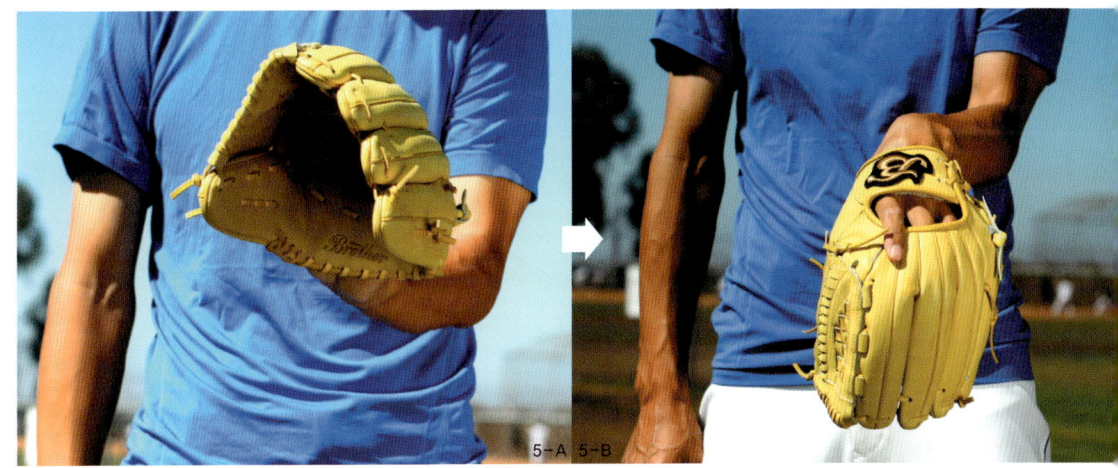

5-A 5-B

사진 5. 스플리트핑거 패스트볼의 수신호(포크볼, 너클볼, 팜볼)

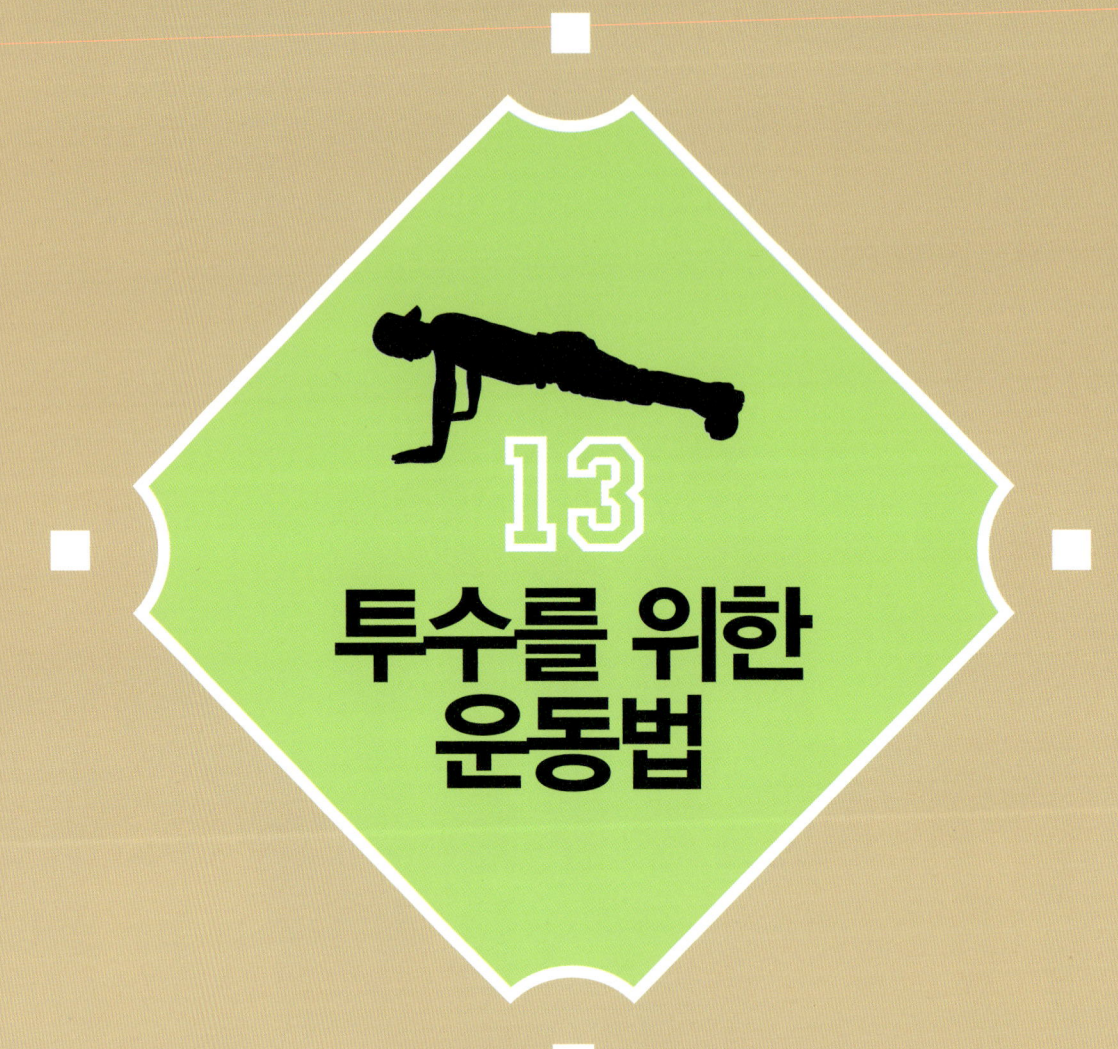

이 장에서 소개할 운동법은 특별한 기구 없이 할 수 있는 운동들로, 매일 가볍게 해도 어깨와 팔꿈치의 유연성과 탄력 그리고 근력을 향상시키는 데 큰 효과를 볼 수 있는 운동들이다. 우리는 예전부터 스트레칭을 중요하게 생각해왔다. 부상을 방지해주기 때문이다. 하지만 너무 과도한 스트레칭은 투수에게 부정적인 결과를 가져올 수도 있다. 투수는 투구를 할 때 어깨와 팔꿈치가 이완되면서 공을 던지게 된다. 그러므로 너무 과한 스트레칭은 오히려 투수의 어깨나 팔꿈치에 좋지 않은 영향을 주게 된다. 예를 들어 고무줄을 여러 번 길게 당겨보자. 그 후 고무줄을 보면 처음의 탄력을 잃어 결국 고무줄로서의 기능을 할 수 없게 된다. 어깨나 팔꿈치의 관절도 이와 크게 다르지 않다. 너무 과도한 스트레칭은 어깨와 팔꿈치가 가지고 있는 탄력을 서서히 잃게 만들 수 있다.

필자는 미국에서 스트레칭을 조금 자제하고 다른 운동들을 통해 몸을 준비하는 방법들을 배워왔다. 물론 지금까지 스트레칭을 지속적으로 해온 선수들에게 갑자기 스트레칭을 하지 말라고 하면 좀 혼란스러울 것이다. 필자 역시 오랜 시간이 지난 후에서야 비로소 그 생각을 바꿀 수 있었다. 그러니 지금 당장 바꾸라는 것이 아니다. 현재 본인이 하고 있는 스트레칭은 그대로 하면서 다음의 운동들도 같이 병행하라는 것이다. 이 운동들은 확실히 어깨나 팔꿈치 관절의 탄력과 힘을 향상시키는 데 많은 도움을 주는 것들로 스트레칭 후 공을 던지기 전에 하는 것이 가장 효과적이며, 틈틈이 시간 날 때 할 것을 강력하게 권유한다. 그렇게 많은 시간을 필요로 하는 것이 아니기 때문에 남는 시간을 이용해서 충분히 할 수 있는 운동들이다. 그러나 명심해야 할 것은 꾸준히 매일 해야 한다는 점이다.

"중요한 점은 많이 하는 것이 아니라 꾸준히 매일 하는 것이다."

1-A

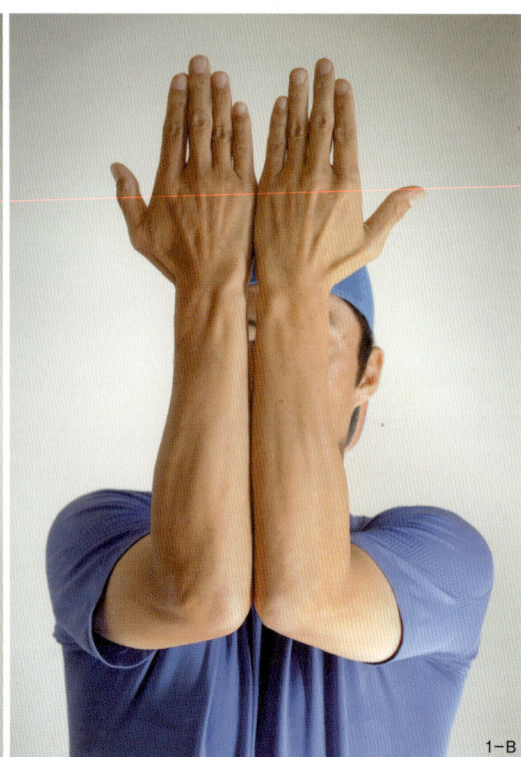

1-B

1-C

사진 1. 어깨 운동법 1

🟡 어깨 근력과 관절의 탄력을 기르는 운동 1

사진 1은 어깨 앞뒤 관절의 유연성과 탄력 그리고 근력을 길러주는 운동으로 사진 1-A와 같이 손바닥과 팔꿈치를 최대한 힘을 주어 붙이고 30초에서 1분간 버티는 운동이다. 그 후 사진 1-B, C와 같이 자세를 각각 바꾼 후 다시 30초에서 1분간 같은 자세로 버틴다. 이렇게 각각 다른 세 가지의 자세로 운동을 하는 이유는 구질에 따라 손과 팔의 움직임이 달라지는 것과 연관이 있다. 구질의 종류와 던지는 법에서 설명했듯이 손과 팔의 움직임은 패스트볼, 브레이킹볼, 그리고 체인지업을 던질 때마다 달라진다. 그렇기 때문에 운동을 할 때도 이렇게 세 가지의 자세로 운동을 해야 제대로 된 효과를 볼 수 있다. 주의할 점은 팔꿈치를 최대한 붙여 팔꿈치가 절대 떨어지지 않게 하는 것이다. 물론 처음에는 팔꿈치가 붙지 않는 사람도 있을 것이다. 그런 선수는 근력에 비해 유연성이 떨어지는 경우다. 천천히 시간을 두고 연습한다면 나중에는 충분히 붙게 될 것이다. 공 던지기 전에 이 운동을 한다면 20~30초 정도가 가장 적합하고, 공을 던지고 난 후라면 30초에서 1분 정도 하는 것이 좋다.

사진 2. 어깨 운동법 2

🟡 어깨 근력과 관절의 탄력을 기르는 운동 2

두 번째 운동 방법은 손을 서로 엇갈린 후 손등을 사진 2-A처럼 마주 대고 30초에서 1분간 서로 힘껏 미는 운동이다. 그 후 사진 2-B와 같이 반대쪽으로 바꾸어 다시 30초에서 1분간 해준다. 이 운동도 역시 처음 설명한 운동과 같은 효과를 팔과 어깨에 준다. 이때 양 팔꿈치가 자기 몸 밖으로 나가지 않도록 주의한다. 또한 몸이 어느 한곳으로 치우치지 않게 한다.

● 어깨 근력과 관절의 탄력을 기르는 운동 3

　세 번째 운동 방법은 사진 3-A와 같은 손 모양을 한 후 손을 척추 한가운데에 놓는다. 그 후 손바닥을 사진 3-B처럼 서로 최대한 붙인 후 힘을 주어 밀며 30초에서 1분간 버틴다. 그 후 사진 3-C, D와 같이 자세를 바꾸어 각각 30초에서 1분간 버틴다. 이 운동 역시 어깨 앞뒤쪽의 유연성과 근력을 길러주며 특히 어깨의 유연성을 길러준다. 또한 각 개인의 견갑골의 위치도 올바르게 잡아준다. 이 운동을 처음 하게 되면 오른손 투수의 경우는 오른쪽으로 왼손 투수의 경우는 왼쪽으로 손이 치우쳐 있는 것을 알게 될 것이다. 그 이유는 공만 던지고 각 개인의 견갑골의 유연성과 근력은 등한시했기 때문이다. 처음에는 무척 힘든 사람도 있을 수 있으나 천천히 시간을 두고 하다보면 누구나 충분히 할 수 있는 운동이다. 또한 처음부터 손의 위치를 너무 위로 잡지 말고 시간을 가지고 천천히 위로 올리는 것이 좋다.

사진 3. 어깨 운동법 3

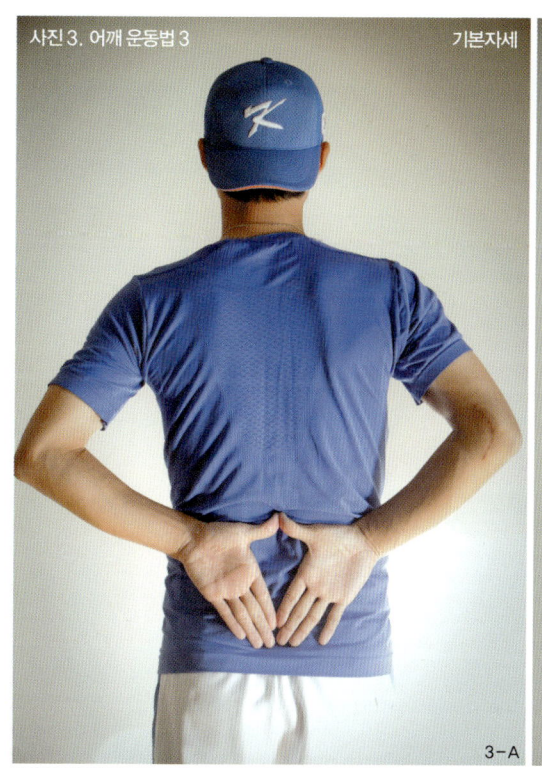

3-A 기본자세

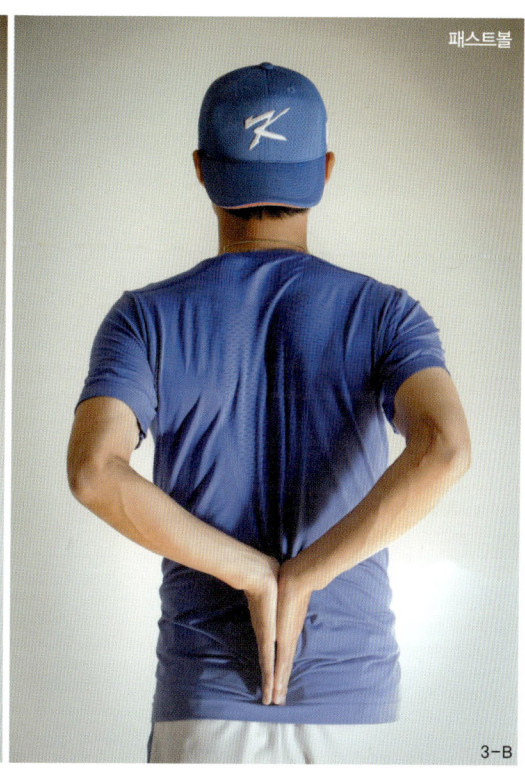

3-B 패스트볼

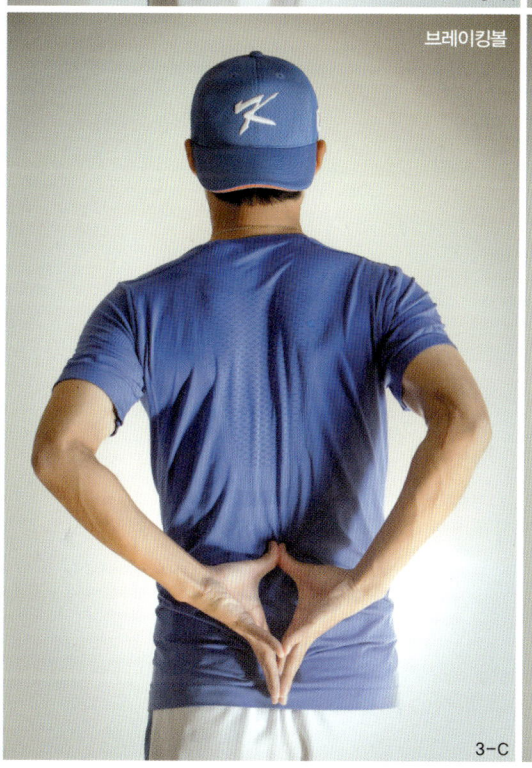

3-C 브레이킹볼

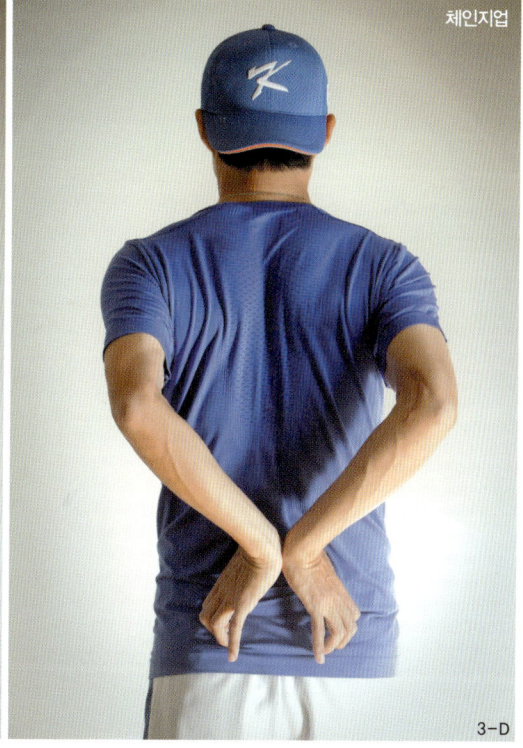

3-D 체인지업

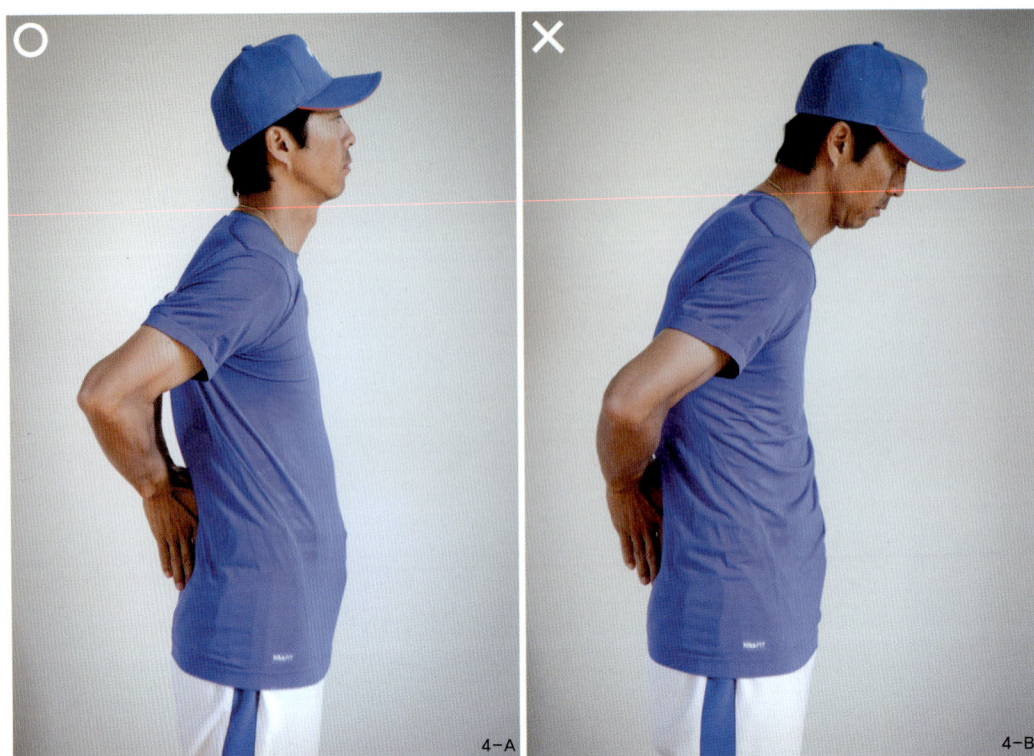

사진 4. 어깨 운동법 3

🟡 올바른 동작과 잘못된 동작

사진 4는 운동을 할 때 주의할 점을 나타낸 사진이다. 유연성과 근력이 떨어지는 사람이 이 같은 운동을 하다보면 자신도 모르게 사진 4-B처럼 몸을 앞으로 숙이게 된다. 그러므로 사진 4-A와 같이 몸을 펴고 올바른 자세로 하는 것이 중요하다. 앞에서도 언급했듯이 처음부터 무리하게 손의 위치를 올리려 하지 말고 올바른 자세를 만든 후 천천히 올리는 것이 좋다.

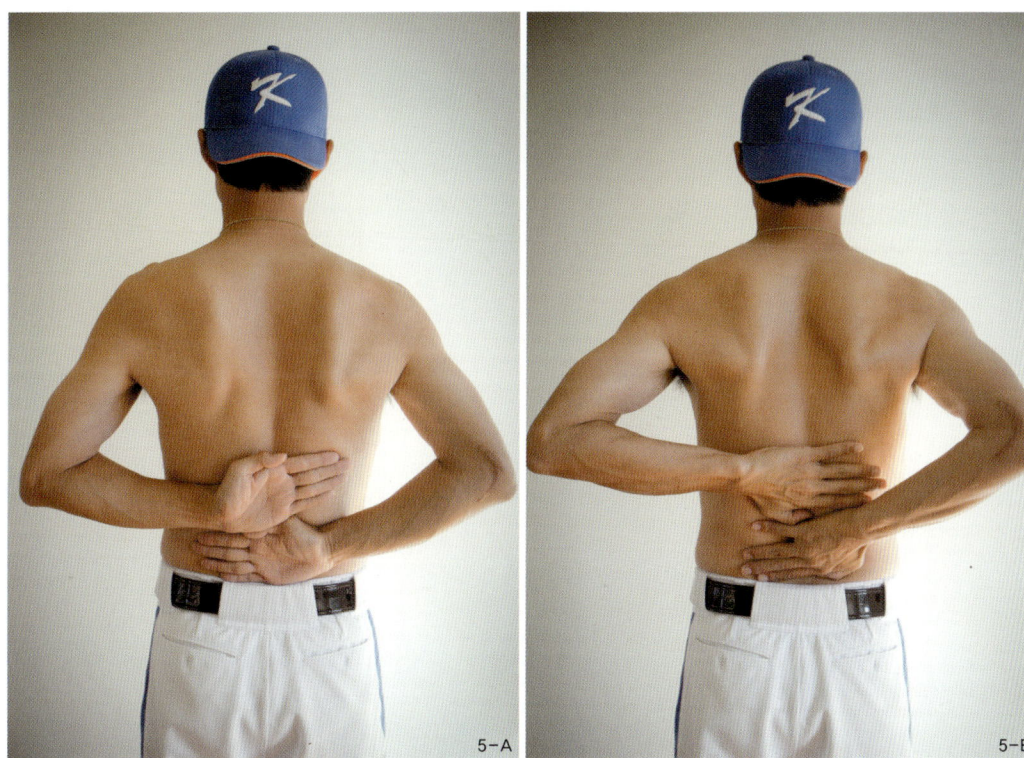

사진 5. 어깨 운동법 4

◉ 어깨 근력과 관절의 탄력을 기르는 운동 4

　네 번째 운동 방법은 사진 5-A와 같이 손등을 등에 댄 뒤 최대한 힘을 주어 손등으로 등을 30초에서 1분간 미는 운동이다. 그 후 사진 5-B처럼 손바닥이 등으로 향하도록 자연스럽게 회전한 후 손바닥으로 등을 밀며 30초에서 1분간 버틴다. 이 운동 역시 어깨 앞뒤쪽의 유연성과 근력을 길러주며 특히 어깨 안에 있는 캡슐의 유연성을 길러준다. 주의할 점은 던지는 손이 항상 밑에 있어야 한다는 것이다.

🟡 어깨 근력과 관절의 탄력을 기르는 운동 5

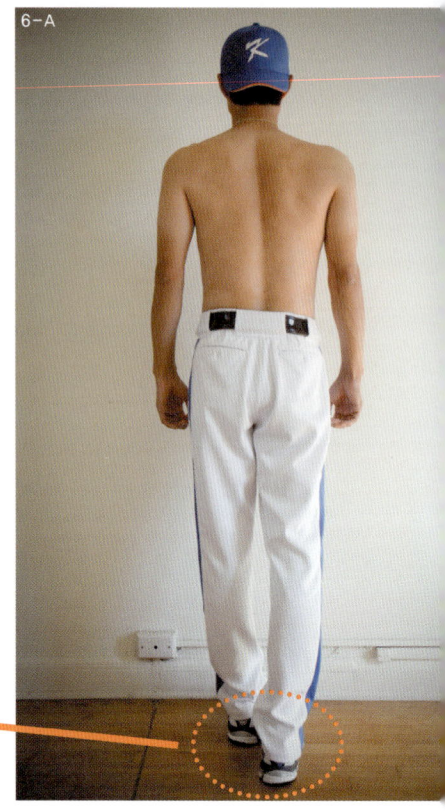

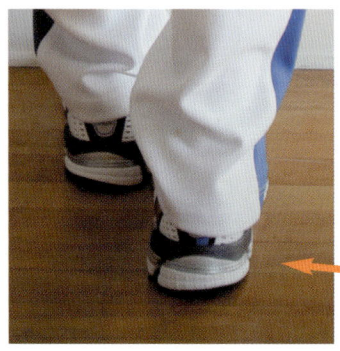

우선 사진 6-A와 같이 각 개인의 발로 한 발 반이나 두 발의 거리에서 벽을 바라보고 선다. 그 후 사진 6-B와 같이 양팔을 어깨높이 위로 올리고 양쪽 견갑골을 서로 붙인 후 벽에 손바닥만을 대고 30초에서 1분간 함께 벽을 미는 운동이다. 이때 무릎은 살짝 구부린다. 그 후 다시 사진 6-C, D와 같이 자세를 바꾸어 각각 30초에서 1분간 벽을 밀어준다. 이 운동은 어깨 앞쪽의 유연성과 근력을 길러준다. 주의할 점은 팔 전체가 벽에 닿지 않도록 하며 오로지 손으로만 벽을 밀어야 한다. 또한 사진 6-E에서 보이는 화살표가 가리키는 것처럼 양쪽 견갑골이 서로 붙게 해야 한다.

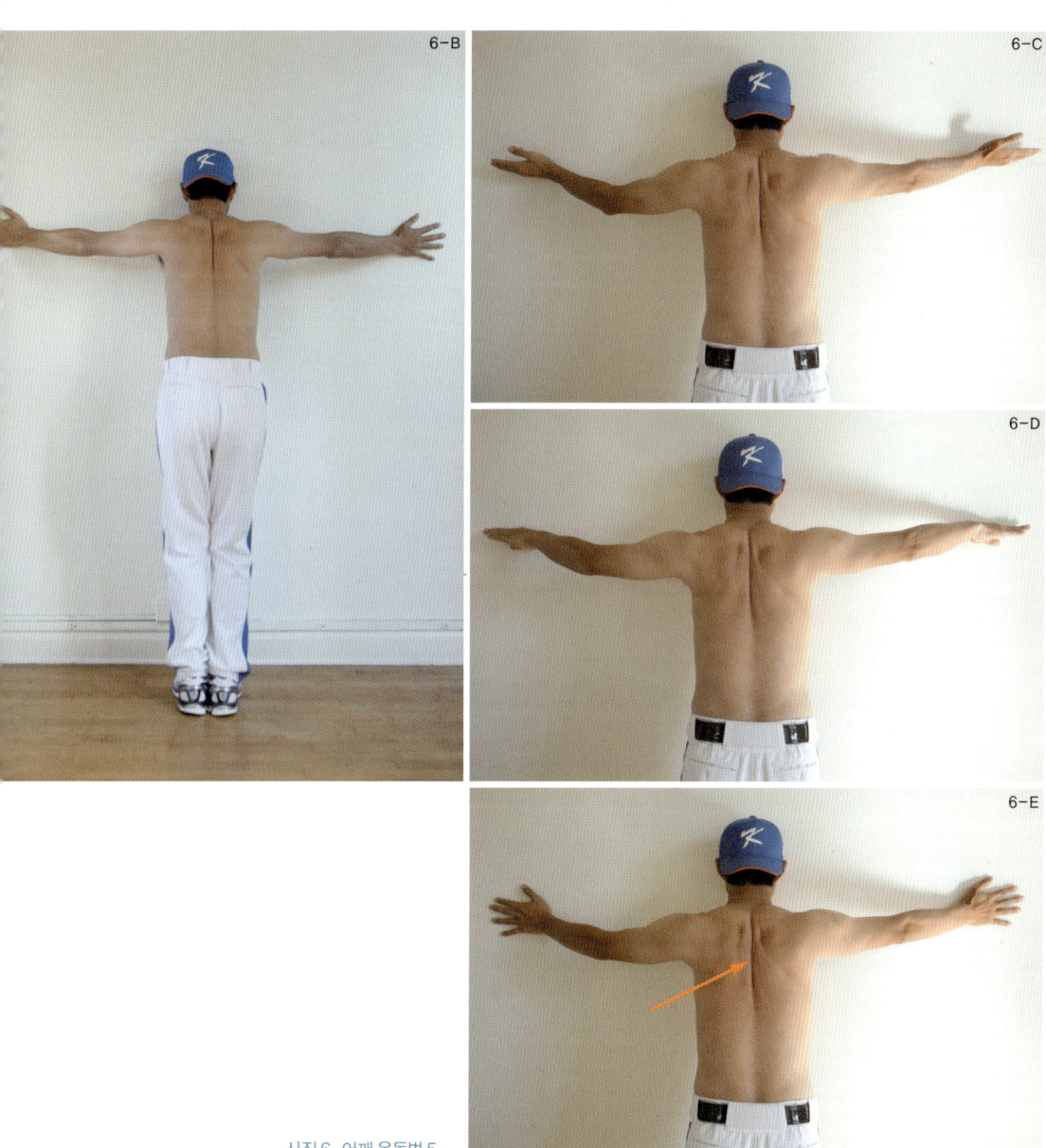

사진 6. 어깨 운동법 5

🟡 어깨 근력과 관절의 탄력을 기르는 운동 6

사진 7. 어깨 운동법 6

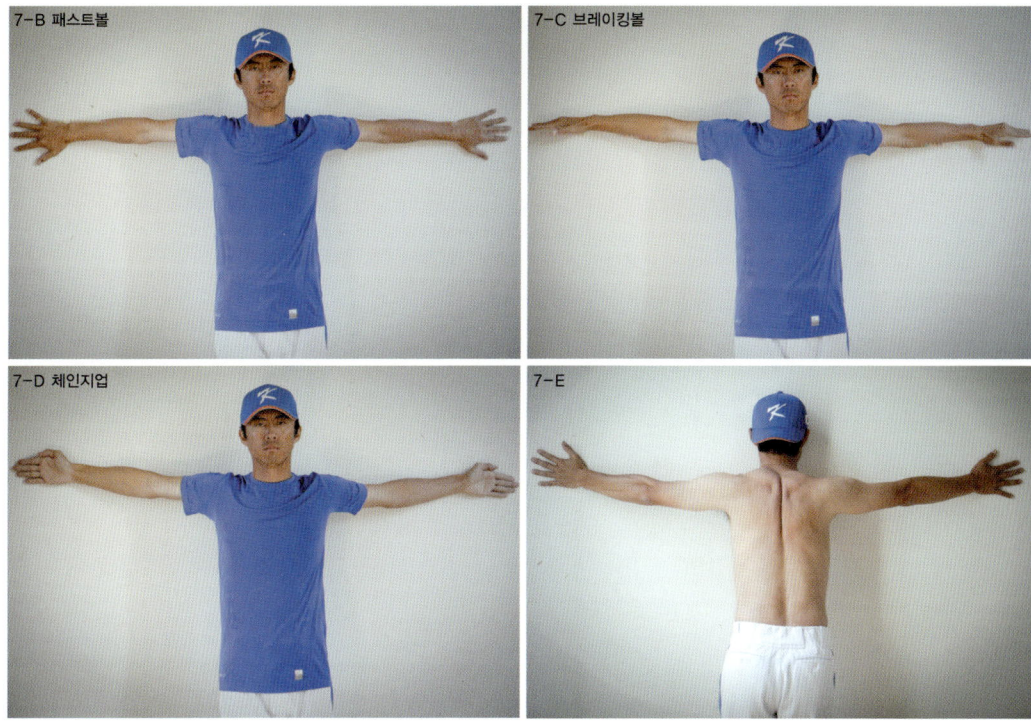

　　사진 7-A와 같이 각 개인의 발로 한 발 반이나 두 발의 거리에서 벽을 등지고 선 후 양팔을 어깨 높이 위로 올리고 양쪽 견갑골을 서로 붙인 다음 손바닥만을 이용해 30초에서 1분간 벽을 힘껏 밀어준다. 이때 무릎은 살짝 구부리고 가슴은 앞으로 내민다. 그 후 다시 사진 7-B, C, D의 자세로 바꾸어 각각 30초에서 1분간 벽을 밀어준다. 이 운동은 어깨 앞쪽의 유연성과 근력을 길러준다. 주의할 점은 팔 전체가 벽에 닿지 않도록 하며 오로지 손만을 이용해 벽을 밀어야 한다. 사진 7-E와 같이 어깨 뒤의 견갑골은 서로 붙어 있어야 한다.

● 견갑골 붙이기

사진 8-A-1과 같이 팔꿈치와 무릎을 바닥에 댄다. 그 후 사진 8-A-2처럼 팔꿈치 모양의 변화 없이 팔굽혀펴기 자세를 만든다. 그다음에는 사진 8-A-3과 같이 살짝 내려가면서 어깨를 움직여 양쪽 견갑골이 서로 닿게 한다. 횟수는 10회가 적당하며 급격하게 횟수를 늘리지 않도록 한다. 그러고 나서 사진 8-B, C와 같은 자세로 바꾸어 실시한다. 이 운동은 투구 후 굳은 견갑골의 유연성과 탄력, 그리고 근력을 길러준다. 또한 견갑골을 원래 제 위치로 돌아오게 해준다. 주의할 점은 견갑골을 붙일 때 척추와 다리에 힘을 주어 몸의 균형과 자세가 무너지지 않게 해야 한다.

패스트볼

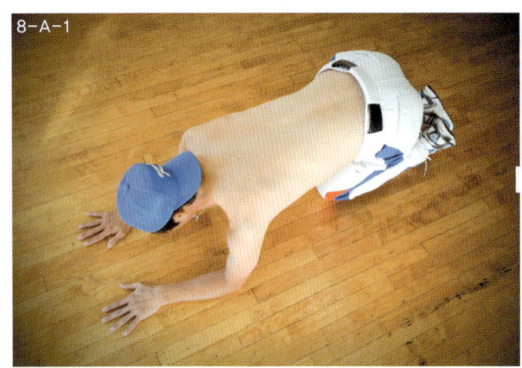

사진 8. 견갑골 붙이기

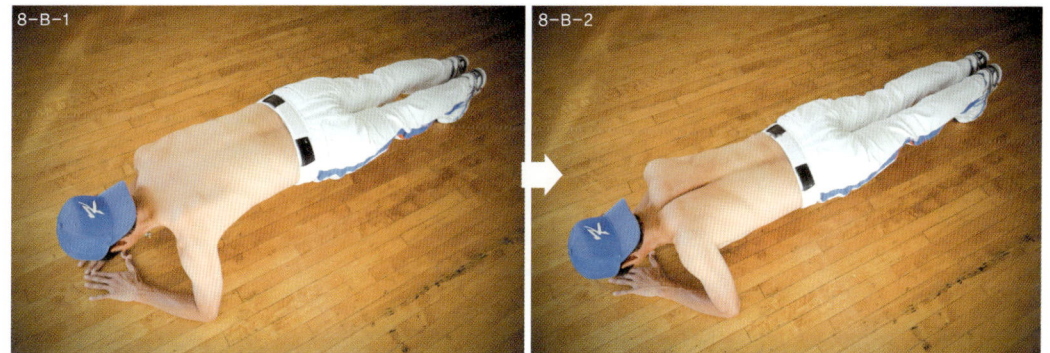

브레이킹볼

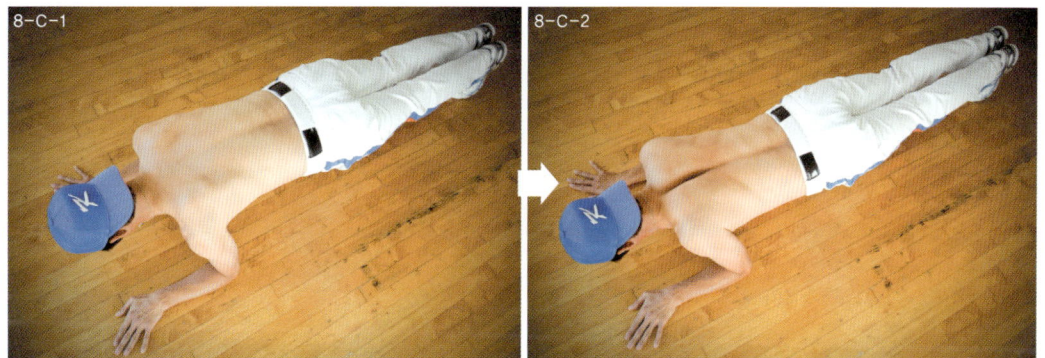

체인지업

팔굽혀펴기

마지막 운동은 선수뿐만 아니라 일반인들도 많이 하고 있는 운동 중 하나인 팔굽혀펴기다. 여기서 배우게 될 팔굽혀펴기 운동은 투수에게 최적화된 것으로 기존의 팔굽혀펴기 자세와는 조금 다르다. 이 운동의 특징은 어깨를 최대한 보호하면서 운동을 한다는 데 있다. 우선 양팔을 각 개인의 어깨너비로 벌린 후 손과 무릎을 사진 9-A-1처럼 바닥에 댄다. 그 후 사진 9-A-2와 같이 팔꿈치를 90도까지 구부려 양쪽 견갑골이 서로 붙도록 한다. 그 후 무릎을 바닥에서 올리고 사진 9-A-3의 자세를 만든다. 마지막으로 사진 9-A-4와 같은 자세로 반복하여 팔굽혀펴기를 10~12회 한다. 그 후 사진 9-B, C, D와 같이 손 모양을 바꾸면서 같은 횟수로 팔굽혀펴기를 해준다. 주의할 점은 팔꿈치의 각도가 90도 이상 내려가지 않아야 한다는 점이다. 팔꿈치가 90도 이상 내려가면 어깨가 앞으로 밀려 어깨 부상의 원인이 되기 때문이다. 마지막으로 주의할 점은 사진 9-E처럼 팔을 펴거나 굽히거나 상관없이 양쪽 어깨의 견갑골이 항상 붙어 있어야 한다는 것이다.

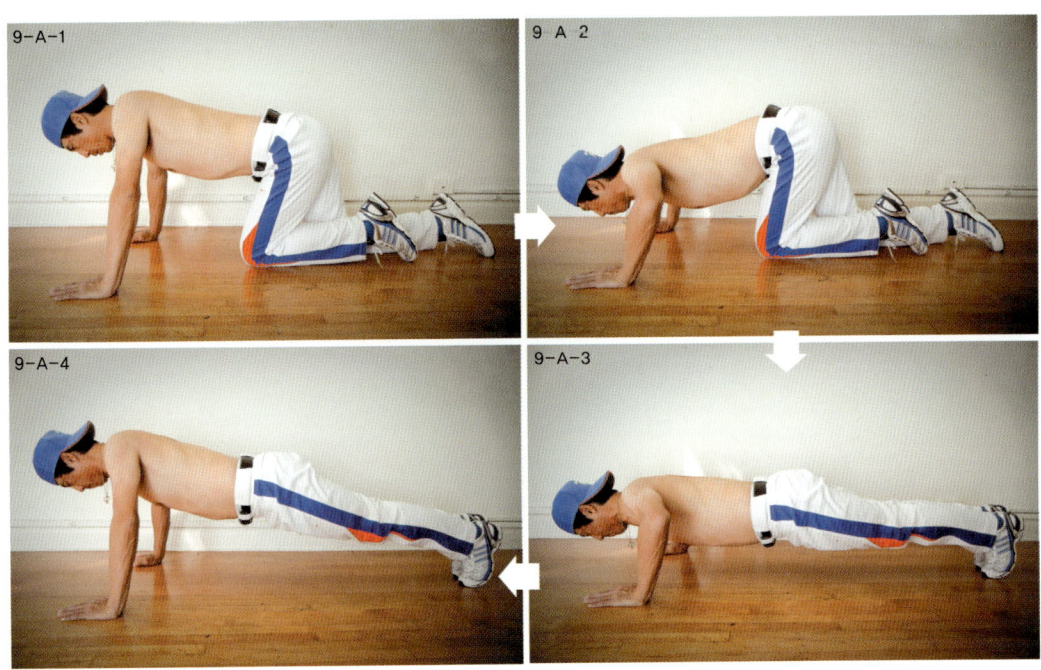

사진 9. 팔굽혀펴기(시계 방향)

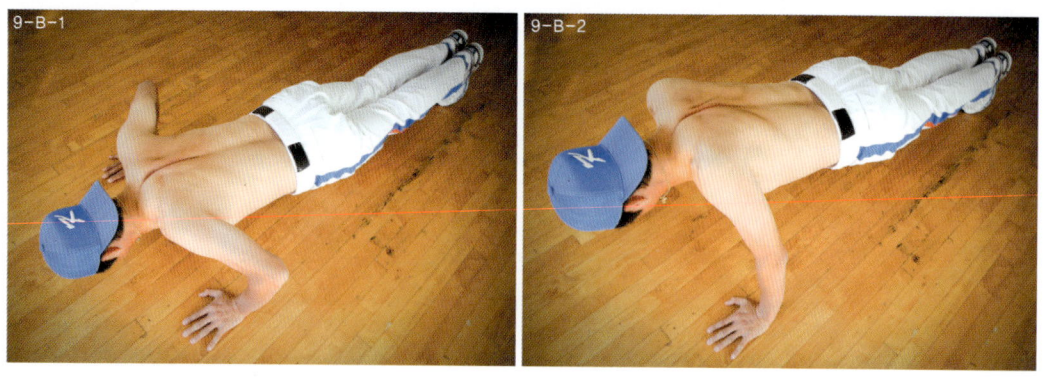
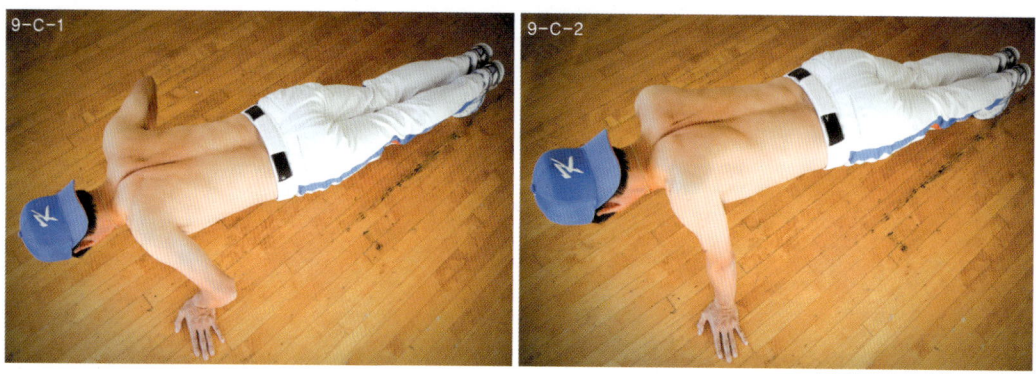
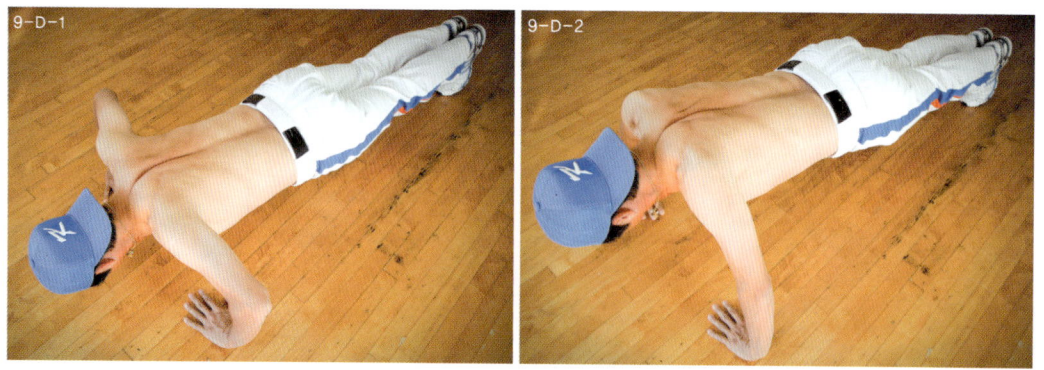

기본 자세

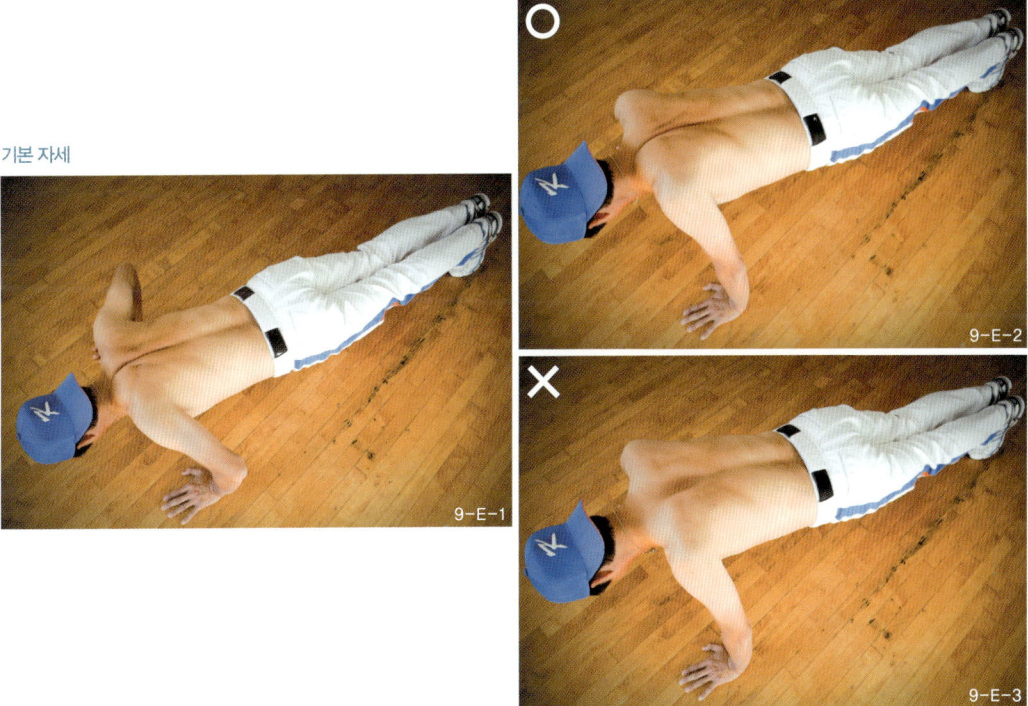

팔꿈치와 어깨 부상의 원인과 회복 방법

팔과 어깨의 부상과 예방은 감독, 코치, 투수 그리고 선수들의 부모에게 매우 중요한 핵심 주제다. 대부분의 투수들은 많은 투구 수에 비해 충분한 휴식을 취하지는 않는데, 이 때문에 팔과 어깨에 큰 부상을 입게 된다. 미국 스포츠정형외과협회에서는 약 1년간 유소년 야구팀과 전문화된 투수학교들을 방문하였다. 협회의 제임스 앤드류 박사에 따르면 "몸의 준비와 회복 없이 어린 선수들이 너무 많은 투구를 하는 것은 아직 성숙하지 못한 팔과 어깨에 누적적인 스트레스를 가해 부상과 수술을 야기시킨다"라고 말했다.

01 투구 수

이러한 문제점들은 단순히 어린 투수들뿐만 아니라 고등학교, 대학교, 그리고 프로의 경우도 마찬가지다. 물론 모두 그렇다는 것은 아니다. 몇몇 고등학교나 대학교의 감독과 코치 들은 적정 수준의 투구 수를 정해주며 부적절한 직구와 변화구의 비율을 지적하기도 한다. 하지만 감독, 코치, 투수 그리고 부모 들은 고등학교나 대학 또는 프로 팀에서 뛸 수 있는 기회를 잃을까봐 많은 투구 수에 비해 휴식이 적다고 해도 이견을 제시하지 않는다. 게다가 선수들의 경우 마운드 위에서의 투구 프로그램이나 근력 프로그램이 지나치게 많다면 아예 공을 던질 수 없는 상태가 될 수도 있다. 여기서는 투구 수가 부상에 미치는 영향과 적절한 투구 수 그리고 투구 후 올바른 휴식에 대하여 설명하도록 하겠다.

미국의 『베이스볼 프로스펙터스 Baseball Prospectus』는 투구 수에 따라 어깨와 팔을 다치는 관계의 비율을 연구했다. 또한 투구 수에 따른 부상 정도도 같이 연구했다. 『베이스볼 프로스펙터스』가 연구를 토대로 만들어낸 'PAP3 Pitcher Abuse Points'란 말은 투수를 남용하는 정도를 공식으로 나타낸 것이다. 이 공식에 따르면 투구 수에서 100을 뺀 후 그다음의 개수에 3제곱을 한 개수만큼 어깨와 팔에 무리가 온다. 예를 들어 105개의 투구를 했다면 225개의 투구를 한 것과 마찬가지란 뜻이다. 시즌 중 PAP3가 높은 사람일수록 그다음 해에 부상이나 올바른 투구를 할 수 없게 될 확률이 높으며 최악의 경우에는 수술을 하게 될 수도 있다. 또한 근육에 무리가 왔을 때나 정상적이지 않을 때의 투구 역시 마찬가지로 팔과 어깨에 3제곱의 무리를 준다. 그렇다면 적당한 투구 수는 몇 개인가?

◯ 훈련 시

투수는 마운드로 가기 전에 투구에 도움을 주는 훈련과 더불어 몸을 확실히 풀어야 한다. 그리고 총 투구 수는 30~45개를 유지하며 패스트볼, 브레이킹볼, 체인지업을 각각 10개에서 15개씩 섞어 던진다. 이 세 가지 구질의 총 투구 수가 같을 필요는 없지만 연습 시 반드시 이 세 가지 구질을 모두 던져보아야 한다. 물론 투구 수가 적다고 생각할 수도 있다. 하지만 투구를 도와주는 훈련법에서 충분한 투구를 하기 때문에 마운드에서는 그리 많은 투구를 하지 않아도 된다. 이렇게 마운드에서의 투구 수가 적어도 되는 이유는 투구를 할 때마다 투수의 팔꿈치와 어깨의 관절이 빠지게 되는데 마운드의 경우 경사가 있기 때문에 관절이 더 크게 빠지게 되어 부상을 일으키기 때문이다. 그래도 투구 수가 부족하다고 생각하는 사람은 130구를 넘지 않도록 하며 강도는 본인이 조절한다.

예전에 김성근 감독님과 투구 수에 대하여 이야기를 나눈 적이 있다. 연습 때 너무 많은 투구를 하는 것이 아니냐고 질문한 적이 있는데, 만약 투수에게 300구의 공을 던지게 한다면 모든 공을 전력으로 던지는 것이 아니라 어느 순간부터는 자신의 몸에 맞는 균형과 자세를 갖추어 던지기 때문에 괜찮다고 답했다. 김성근 감독님의 설명과 여기서 말하는 훈련법이 조금은 다른 것 같지만 어떻게 보면 같을 수도 있다. 그 이유는 투구에 도움을 주는 훈련법의 총 투구 횟수를 따져보면 투구 수는 거의 비슷하기 때문이다. 다만 앞에서 설명한 것처럼 마운드에서 던지는 것은 어깨에 많은 무리를 주기 때문에 평지를 이용하는 것이 효과적이라고 생각한다.

◯ 시합 전

마운드에 올라서기 전에는 몸을 따뜻하게 만들고 불펜에서 약 30~45구(패스트볼 10~15개, 브레이킹볼 10~15개, 체인지업 10~15개) 정도를 던지며 공의 속도를 점점 빠르게 던진다. 마지막 10~15구는 전력으로 던지지만 불펜에서 힘을 낭비해서는 안 된다. 마지막 5구는 첫 타자에게 던질 순서대로 연습하고 마운드로 올라간다.

◯ 이닝과 이닝 사이

이닝과 이닝 사이에는 6~8구로 나누어 던지며 자신이 원하는 대로 던진다. 이때 기억할 점은 타자가 들어왔을 때 꼭 초구에 스트라이크를 던질 수 있도록 연습한다.

• 톰 하우스, NPA/RDRBI에서 자료를 제공함.

◯시합에서의 투구 수

시합에서의 투구 수는 아래 표와 같다.

나이＼최대투구수	한 시합	1 주일	1 년
9~10세	60	75	1000
11~12세	75	100	1000
13~14세	90	125	1000
15~18세	105	130	1250
18~24세	120	150	1800
24~40세	130	175	3600

여기에서 보면 성인의 최대 투구 수가 130구로 나와 있다. 하지만 앞에서 설명한 것처럼 100구 이상 던지게 되면 팔과 어깨에 많은 무리를 일으키게 된다. 부득이한 경우를 제외하고는 투구 수를 최대한 아끼는 것이 좋다. 우리나라에서는 좋은 투수가 많이 던질 수밖에 없는 이유를 자원이 부족하기 때문이라고 한다. 하지만 그만큼 정말 좋은 자원이기에 더 아껴주어야 하지 않을까 싶다.

마지막으로 선발 투수의 경우 한 경기 중에 두 번의 투구를 하게 된다면 처음 선발 투구에서는 7회 이상을 던지지 않게 한다. 아마추어의 경우 한 시합에서 105구 이상을 던진 후 야수를 하다가 다시 마운드로 올라가서 공을 던지면 안 된다. 또한 선발로 던지는 날에는 야수 훈련을 하지 않는 것이 좋다. 투구 연습을 많이 했다고 생각하는 날에는 스윙 연습을 적게 하며 반대로 스윙 연습을 많이 한 날에는 투구 연습을 적게 한다.

02 팔꿈치 부상의 원인

팔꿈치 부상의 원인과 그 부상이 더욱더 악화되는 이유는 다음과 같다.

1. 엉덩이와 어깨의 회전력만 있고 앞으로 밀고 나아가는 힘이 약하거나 없는 경우
이런 현상이 생기면 앞 무릎을 90~110도 사이로 구부려 공을 던지는 순간까지 무릎으로 지탱해주어야 하는데 그러지 못하고 무릎이 굽혀지지 않거나 일찍 펴게 되면, 그로 인해 몸의 균형과 자세가 무너지므로 릴리스포인트가 뒤에서 형성되어 팔꿈치 부상의 원인이 된다.

2. 팔꿈치와 손목이 안쪽 또는 바깥쪽으로 회전할 때나 릴리스포인트로 이동 시 팔꿈치와 손목이 뒤틀린 상태로 올 경우
쉽게 설명하면 손목이나 팔꿈치가 자연스럽게 릴리스포인트를 형성해야 한다는 말이다. 글러브에서 공을 빼내어 던질 때 손목이나 팔꿈치를 너무 과도하게 뒤틀어서 릴리스포인트를 형성하게 되면 팔꿈치 부상의 원인이 된다.

3. 힘이 불균형 상태일 때
이두근과 삼두근의 힘이나 크기가 같지 않고 어느 한쪽의 힘이 강해지면 팔꿈치 관절은 극도로 늘어나거나 당겨지며 뼈는 충돌하게 되고 근육은 이완된다. 이 말은 모든 동작에 다 적용된다고 볼 수 있다. 그러므로 운동을 할 때는 항상 앞과 뒤 그리고 좌, 우의 힘의 크기를 같게 해주어야만 팔꿈치뿐만 아니라 모든 부상을 방지할 수 있다.

4. 과도한 워밍업이나 근력 운동 시간에 비해 휴식 시간이 적은 경우
공을 던지고 나서의 회복 시간과 근력 운동 후의 회복 시간을 말한다. 역시 팔꿈치뿐 아니라 몸 전체의 부상을 일으키는 원인이 된다.

03 어깨 부상의 원인

어깨 부상의 원인과 그 부상이 더욱더 악화되는 이유는 다음과 같다.

1. 머리와 몸통이 목표인 포수 방향이 아닌 다른 방향으로 움직이거나 릴리스포인트 전 몸통의 균형과 자세가 무너지는 경우
균형과 자세에서 설명했듯이 머리나 몸통이 1cm 기울어지면 릴리스포인트는 약 2cm가 뒤로 가게 되어 어깨 부상의 원인이 된다.

2. 던지는 팔이 글러브에서 벗어나 릴리스포인트로 오는 동안 생기는 회전의 크기와 팔로스루의 회전의 크기가 같지 않거나 팔로스루의 회전이 그보다 작은 경우
이것은 공을 던지는 힘과 공을 던지고 난 후의 힘의 균형이 맞지 않은 경우를 말하는데, 이 경우 어깨 관절의 충돌이 생기며 또 어깨 근육이 부적절하게 이완된다. 대부분 어깨 통증이나 부상 경력, 수술 경력이 있는 투수 또는 제구력이 없는 투수에게 많이 나오는 투구 동작으로, 이 경우 앞에서 설명한 것처럼 어깨 관절이 과도하게 확장되고 압박되어 어깨에 많은 무리가 생기게 된다.

3. 힘의 불균형 상태일 때
팔꿈치 부상과 마찬가지로 어느 한쪽 근육의 힘이 강해지면 어깨 근육은 한쪽으로 급격히 이완되고 뼈끼리 충돌하게 된다.

4. 과도한 워밍업이나 근력 운동에 비해 휴식 시간이 적은 경우
어깨뿐 아니라 몸 전체의 부상을 일으키는 원인이 된다.

다음 10가지는 팔꿈치나 어깨의 부상 방지에 도움을 주는 것들로 꼭 기억하는 것이 좋다.

1. 언제나 기본 상식을 지키며 항상 좋지 않은 징후에 대하여 주의한다.
2. 자신의 투구 수를 항상 체크한다.
3. 불펜의 연습 투구를 모니터한다.
4. 패스트볼과 브레이킹볼의 비율을 지킨다.
5. 어린 투수들은 힘이 기능적으로 뒷받침되지 않고 투구 동작이 완전하지 않으면 브레이킹볼을 던지는 것을 자제한다.
6. 어린 투수들은 힘이 기능적으로 뒷받침되지 않고 투구 동작이 완전하지 않으면 그 외의 변화구도 자제한다.

7. 평평한 곳에서 많이 던지며, 마운드 위에서는 적게 던진다.
8. 얼음찜질은 항상 유산소 운동과 같이 한다.
9. 무거운 운동은 공을 던지기 24시간 전에는 자제하지만 공을 던지고 난 24시간 후에는 상관이 없다.
10. 공을 지나치게 많이 던졌거나, 과도한 근육 운동으로 인해 근육에 무리를 주었을 경우 마운드에 올라서거나 시합에 나가지 않도록 한다.

04 부상의 예방

그렇다면 어떻게 하면 부상을 예방할 수 있을까? 정답은 선수 나이에 맞는 투구 수를 지키는 것이다. 또한 배우고 있는 어린 투수들의 경우 투구를 조금씩 하면서 기술을 증가시키는 것이 많은 투구를 하는 것보다 부상을 예방할 수 있다. 일주일에 한 번 6이닝을 던지는 것보다는 2이닝씩 세 번을 일주일에 나누어 던지는 것이 좋다. 이 방법이 어깨에 무리를 덜 주며 기술도 훨씬 빨리 향상된다.

어깨와 팔을 보호하는 데 고려해야 할 또 하나의 중요한 요인은 상대적인 몸의 크기이다. 예를 들어 평균보다 마르고 팔이 길며 근력이 평균 이하인 12세의 선수가 한 시합에서 너무 많은 투구를 한다면 어깨나 팔을 크게 다칠 수 있다. 반대로 185cm의 키에 85kg의 몸무게를 가진 12세의 선수라면 일반적인 유소년 야구선수에게 해당하는 평균 투구 수를 훨씬 넘겨도 큰 부상 없이 투구를 할 수 있다.
또 하나의 중요한 사항은 만약 어떤 투수가 경기 시 근육 부상을 입었다면 나이에 상관없이 그 이후 이어지는 하나하나의 투구는 상상을 초월할 정도의 심각한 스트레스를 어깨와 팔에 준다.

다음은 어린 투수들을 위한 간단한 공식이다. 근육 부상 후 매 투구는 근육 부상 전 투구의 3제곱에 해당하는 영향력을 가진다. 예를 들어 4이닝 동안 60개의 공을 던지고 근육 부상을 입은 12살의 투수가 한 이닝 동안 15개의 투구를 더한다면 이것은 어깨와 팔에 105개를 던진 것과 같은 스트레스를 준다.

◯ 계획

투수들의 회복에 관해 단기적인 계획과 장기적인 계획을 같이 수립해야 한다. 특히 부상을 입거나 수술을 한 투수, 그리고 수술 경험이 있는 투수는 더욱더 그렇다. 즉 단기적으로는 오늘, 내일, 일주일 그리고 한 달 후 무엇을 어떻게 어디까지 할 것인지 계획하는 것을 말하고 장기적으로는 언제쯤 마운드에 올라가서 투구를 하고, 시합을 언제쯤 나갈 것인지 등등을 계획하는 것을 말한다.

05 근력 운동 (웨이트트레이닝)

근력 운동(웨이트트레이닝)은 매일 해도 상관이 없다. 다만 각 개인의 몸이 피곤하다고 느낄 때 쉬면 된다. 프로 초년생이나 아마추어 선수의 경우는 트레이너 또는 감독, 코치와 상의해서 운동을 하는 것이 좋다. 시즌이 끝난 후에는 충분한 휴식을 취하면서도 시즌 중의 약 60~70퍼센트의 몸 상태를 유지하는 것이 다음 시즌을 준비하는 데에 큰 도움이 된다.

06 얼음찜질 (아이싱)

얼음찜질에 대한 궁금증은 여러 가지가 있지만 대부분의 질문은 다음과 같다. 얼음찜질은 하는 것이 좋은가? 아니면 하지 않는 것이 좋은가? 또한 얼음찜질을 할 경우 시간은 어느 정도가 적당한가? 공을 던진 후 몇 시간이 지나서 하는 것이 좋으며 얼음찜질 후에는 어떤 운동을 하는 것이 좋은가? 등등 이다.

첫째, 얼음찜질은 해도 되고 하지 않아도 상관이 없다. 가장 중요한 것은 본인의 선택에 달려 있다. 본인이 생각했을 때 얼음찜질을 하는 것이 다음 번 공을 던지는 데 도움이 된다고 생각한다면 얼음찜질을 하는 것이 좋다. 반대로 얼음찜질을 하지 않는 것이 다음 번 공을 던지는 데에 도움이 된다고 생각한다면 하지 않아도 된다.

둘째, 얼음찜질의 시간은 팔꿈치의 경우 10~15분 정도가 가장 적당하며 어깨의 경우 15~20분이 가장 적당하다. 이때 중요한 것은 다음에 언급하는 시간을 넘기지 않도록 하는 것이다.

셋째, 얼음찜질을 할 경우 공을 던진 후 3시간 안에 해주어야 하며 유산소 운동도 같이 해주어야 한다. 이때 유산소 운동은 얼음찜질을 한 시간의 2배를 해주어야 한다. 예를 들어 10분간 얼음찜질을 했다면 20분의 유산소 운동을 해주어야 한다는 말이다. 이때 중요한 것은 얼음찜질과 유산소 운동은 모두 공을 던진 후 3시간 안에 소화해야 한다는 것이다. 그렇지 않고 3시간이 넘어간다면 얼음찜질의 효과를 얻지 못할 뿐 아니라 오히려 역효과를 가져올 수도 있다. 또한 이때의 유산소 운동은 걷기, 달리기, 자전거 타기 등을 대화를 할 정도의 강도로 가볍게 하는 것이 좋다.

프로나 대학 선수들만 되어도 얼음찜질과 유산소 운동을 같이 할 수 있는 여건이 갖추어져 있지만 어린 학생들의 경우 이러한 조건들을 갖추기가 어렵고 또한 시간도 많지 않으므로 얼음찜질을 하면서 집에 가고 집에서 유산소 운동을 해주는 것이 좋다. 만약 시간이 없을 경우는 얼음찜질을 하면서 유산소 운동을 같이 해주는 것도 하나의 방법이다.

07 마사지

마사지는 피를 잘 돌게 해주고 몸에 쌓인 젖산을 빨리 분해시켜 피로를 빠르게 회복시켜준다. 마사지의 경우도 프로 구단에는 전문적인 마사지사나 트레이너가 있지만 아마추어 팀에서는 접하기가 쉽지 않다. 만약에 주위에 전문적인 마사지사나 트레이너가 없다면 부모님이나 가족이 간단하게 또는 가볍게 문질러주는 것이 좋다. 그로 인해 회복 시간이 단축되기 때문이다.

08 섭취

○ 수분

수분은 선수뿐만이 아니라 모든 사람에게 중요하다. 특히 땀을 많이 흘리는 운동 선수들에게 물은 몸을 회복하는 데 가장 중요한 역할을 하는 것 중 하나라고 해도 과언이 아닐 정도다. 예전에 필자가 아마추어 선수생활을 할 때는 물을 많이 마시지 못하게 하였다. 하지만 물을 제대로 마시지 못해 탈수 상태가 된다면 연습이나 시합 중에 집중력을 잃게 되어 좋은 투구를 하지 못하게 된다. 물을 미리, 자주 마시면 운동 전 운동을 할 수 있는 몸이 되고 시합 중에는 집중력을 높여준다.

그렇다면 하루에 얼마만큼 그리고 언제 물을 마시는 것이 좋은가? 우선 하루 동안 마실 적당한 물의 양은 각 개인의 몸무게의 반에 29.5ml를 곱한 양만큼 마시는 것이 좋다. 그중 아침 공복 또는 눈 뜨자마자 바로 약 500ml 정도의 물을 마셔 자는 동안 순환하지 못해 생긴 혈관 또는 몸의 찌꺼기를 소변을 통해 빨리 내보내도록 한다. 이것은 운동 선수뿐 아니라 일반인에게도 매우 유용하다.

시합 전에는 물을 충분히 마셔주며 시합 중에는 항상 목이 마르기 전에 미리미리 틈틈이 물을 마시는 것이 좋다.
투수들은 이뇨작용을 하는 알코올과 카페인은 피하는 것이 좋다. 3~4병의 맥주는 이뇨작용을 일으켜 몸의 수분을 밖으로 내보내 시합 전이나 후에 몸을 경직시켜 24시간이면 가능한 몸의 회복 시간을 평상시보다 더 길게 만든다. 또한 커피는 카페인과 이뇨작용을 일으키는 두 가지의 성분을 모두 가지고 있기 때문에 시합 전과 시합 중에 근육을 뭉치게 만든다. 이렇게 근육이 뭉치게 될 경우 사람의 몸에서는 유동물질(몸에 흐르는 물질)과 전해물질이 빠지기 때문에 몸의 회복 시간을 더디게 한다.
마지막으로 탄산음료 역시 자제하는 것이 좋다. 콜라 한 캔에는 약 7~8스푼의 설탕이 함유되어 있기 때문이다. 설탕은 비타민과 무기물을 과다하게 소모시켜 정상적인 신진대사에 큰 부담을 준다.

○음식

우리는 아침, 점심, 저녁으로 나누어 음식을 섭취한다. 그중 아침식사는 선수뿐만이 아니라 일반인에게도 중요하다. 아침식사가 중요한 이유는 하루 동안 사용할 에너지를 만들어주기 때문이다. 하지만 이렇게 중요한 아침식사를 우리나라 선수들은 거르는 경우가 많다. 필자 역시 현역 때 아침식사를 자주 걸렀다. 하지만 오랫동안 선수생활을 한 김용수 선배나 송진우 선배의 공통점은 아침식사를 거르지 않는다는 것이다. 미국에서는 이렇게 중요한 아침식사를 탄수화물 40퍼센트, 단백질 30퍼센트, 그리고 지방 30퍼센트의 비율로 골고루 섭취하는 것을 권장하고 있다. 이렇게 퍼센트를 명시한 이유는 미국의 음식문화가 질적으로 그다지 좋지 못하기 때문이다. 하지만 우리나라 음식은 모든 영양소가 골고루 포함되어 있어 편식만 하지 않는다면 그다지 걱정할 필요는 없다.

투수는 시합 전에 시합을 위한 음식 섭취를 해야 한다. 여기서 말하는 시합을 위한 음식 섭취란 본인이 먹어온 음식 중에서 가장 위에 부담이 적은 음식을 말한다.

마지막으로 요즘은 음식 이외에도 몸의 회복을 돕거나 관절의 힘을 증가시켜주는 약들이 있다. 메가비타민, 메가미네랄, 항산화제(비타민C와 E, COQ10, 알파리포산)는 몸에 도움을 주는 영양제 들이다. 또한 글루코사민, MSM, SAM-e 그리고 췌장효소는 관절 회복에 도움을 주는 약들이다. 이것들은 상대적으로 가격이 저렴하고 안전하며 미국 식약청(FDA)과 다른 의료진들에 의해 강력히 추천되는 약들이다. 그러나 이 약들을 섭취하려는 선수는 반드시 약품 용기의 설명서를 참고해야 한다. 마지막으로 근육의 피로도를 최소화하고 근육의 도움을 주는 약으로 프로틴, 크리아틴 그리고 글루타민이 있다. 이 약들이 확실히 몸의 회복에 도움을 주는 것은 사실이다. 하지만 너무 많은 양을 복용하거나 주기적으로 복용하지는 말아야 한다. 이 약들을 먹을 때 종종 목이 마른 경우가 많다. 그러므로 충분한 양의 물을 먹어주는 것이 좋고, 약 45g당 1티스푼이 가장 적당한 양이다. 이렇게 몸의 회복을 도와주는 약들이나 보충제 또는 보조제는 용법을 정확히 알고 먹는 것이 가장 중요하다.

09 수면

사람은 육체적, 정신적 피로를 회복하기 위해 충분한 수면이 필요하다. 하지만 수면에도 효과적인 방법이 있다. 즉 계획에 따라서 수면을 취하는 것이 좋다. 일반적으로 약 6~9시간 정도 자는 것이 좋으며, 20~30분 정도의 낮잠도 필요하다. 수면을 취할 때는 모든 사람들의 뇌가 맑게 되고, 뇌의 균형도 맞추어지며, 그때 성장호르몬도 몸으로 퍼진다. 투수들은 기상 시 알람을 맞출 때 90분의 렘REM수면이 끝날 때 일어날 수 있도록 한다. 만약 렘수면이 진행되는 90분 중간에 일어나게 되면 몸이 개운하지 않을뿐더러 뇌 속이 복잡해지므로 몸의 리듬 또한 깨어지게 된다. 수면 리듬을 잘 맞추면 성장 호르몬의 분비가 증가되며 수면의 질이 높아진다.

책을 마치며

나는 운이 좋게도 두 번의 월드베이스볼클래식을 가까이서 지켜볼 수 있었다. 첫 번째인 2006년에는 선수가 아닌 관중의 입장에서 모든 시합을 볼 수 있었다. 그때 나는 모든 것이 부러웠다. 특히 메이저리그 야구장에서 뛰고 있는 선수들의 모습이 그랬다. 나도 저들처럼 저 안에서 공을 던질 수 있었으면 하는 생각을 수도 없이 했다.

그로부터 다시 3년이 지난 2009년 제2회 월드베이스볼클래식에서 나는 관중이 아닌 인스트럭터로 선수들과 함께할 수 있었다. 이때 나는 미국에서 투수에 대한 공부를 어느 정도 마치고 그간 배운 것들을 책으로 정리하고 있던 중이었다. 마침 우리나라의 좋은 투수들이 한자리에 모여 있어 여러 가지 이야기를 나누며 서로 공감하고 또 투구법에 관해 많은 것들을 다시 되새길 수 있었다. 나에게는 정말 소중하고 값진 경험이었다. 세계 각국의 정상급 투수들을 한자리에서 보고 내가 그동안 배우고 연구한 투구에 관한 공부가 헛되지 않았다는 확신을 하게 된 계기였다. 그러는 동안 나 자신이 야구를 얼마나 좋아하는지 새삼 느끼게 되었다. 당시 야구장에 있을 때의 흥분과 감동은 말로 다 표현할 수 없는 것이었다. 우리나라는 비록 준우승에 그쳤지만, 세계 야구인들에게 한국 야구의 높은 수준을 내보일 수 있었던 계기였다고 생각한다.

비록 선수로 뛴 것은 아니었지만 값진 경험을 하게 해주신 김인식 감독님과 모든 코칭 스태프, KBO에 감사의 인사를 드리고 싶다.

이 책이 한국 야구의 발전에 작은 밑거름이 되었으면 좋겠다. 부족한 것은 부족한 대로, 새로운 것은 새로운 대로 논쟁이 되고, 한국의 야구 현실에 더 적합한 좋은 다른 책이 나오길 기대한다.

1 본상이 형 – 형이라는 말로도 부족한 소중한 분.
2 새로운 양키스 스타디움에서 진혁 형, 성윤이 그리고 본욱이 – 팍팍한 미국을 살 만한 곳으로 만들어준 고마운 사람들.
3 UC샌디에이고코브라 야구팀 – 야구의 열정을 다시금 되새기게 해준 친구들, 이 친구들이 없었다면 이 책이 나오기는 힘들었을 것이다.
4 공 잡는 방법 찍던 중 범근, 한솔 – 고생 많이 했다. 고마워!
5, 6 사랑하는 나의 가족들.
7 톰 하우스와 함께 훈련하던 중에.

찾아보기

【ㄱ】
곽정철 110
관절의 충돌 118
구대성 088
그레그 매덕스 025, 062, 083, 136
김경태 246
김광현 073, 088, 152, 217
김선우 148
김성근 285

【ㄴ】
너클볼 246
너클커브 222, 225
놀란 라이언 031, 083

【ㄷ】
다르비슈 유 110, 116, 125, 136, 148
다리 들기 059
던지기 171
데커볼 198
돈트렐 윌리스 086
드래그라인 159
디딤발 086, 088

【ㄹ】
랜디 존슨 027, 062, 097, 136, 146, 148, 217
러너 229
로이 오스왈트 062, 084
로저 클레멘스 033, 091, 110, 113, 125, 160, 165
로커스로 훈련법 180
류현진 100, 110, 152, 222, 235
릴리스포인트 144

【ㅁ】
마리아노 리베라 054, 070, 072, 217
마사지 291
마크 프라이어 146, 162
명예의 전당 062
모자 맞히기 194
무릎 꿇고 던지기 184

【ㅂ】
박찬호 054, 222
반 포크 240
반대와 같음 093
버팀발 020, 150, 159
베이스볼 프로스펙터스 284
벤 시츠 160
벽을 이용한 던지기 188
보폭 079
봉중근 028, 047, 133, 146, 222
브랜든 웹 086, 097, 229
브레이킹볼 216, 227, 260
빌리 와그너 087, 136
108마구 207

【ㅅ】
서클체인지업 235, 238
선동렬 028, 073, 100
세트포지션 052
센터라인 160
손민한 138
송은범 138
송진우 073

수건을 이용한 훈련법 198
슈트 229
스리핑거 체인지업 236, 238
스택 121
스트라이드 019, 080
스트레치 052
스트레칭 265
스플리트핑거 패스트볼 240, 242, 263
슬라이더 217, 219, 220
슬러브 219, 222, 225
싱커 207, 229
3차원 동작분석 시스템 035
C.C.사바시아 110, 222

【ㅇ】
앤디 페티트 148
양팔의 대칭 093
어깨 회전의 지연 107, 113
얼음찜질 290
엉덩이 밀기 068
엉덩이와 어깨의 분리된 움직임 107
연쇄반응 043
오렐 허샤이저 070, 175
오렐 허샤이저 훈련법 175
오승환 249
와인드업 043, 044
요한 산타나 047, 062, 072, 088, 097, 133, 235
원핑거 체인지업 236, 238
원핑거커브 222
유동훈 229
윤석민 028, 073, 100, 116, 133, 146, 217
이상훈 100, 222
임창용 088
NPA 034
RDRBI 034

【ㅈ】
작은 타깃 190
정민태 100
정현욱 133, 138, 222
조나단 브록스턴 097, 099
조시 베켓 115, 133
조엘 주마야 087
조정훈 242
존 갈랜드 086

존 스몰츠 047, 086, 099, 217, 227

【ㅊ】
체인지업 232, 262

【ㅋ】
카를로스 잠브라노 133
캐치볼 171
커브 219, 222, 225
커트 실링 242
컷패스트볼 217, 219, 220
케리 우드 027
콜 하멜스 097
퀵모션 043, 052
크로스오버 던지기 173
크리스 카펜터 125, 165, 222
키네매틱 시퀀싱 037
킥킹 059

【ㅌ】
타이밍 041
토미 존 025
톰 하우스 031
투구 수 284
투수판 018
투심 패스트볼 208, 212, 258
트랙 121
트레버 호프만 064
팀 린스컴 085
팀 웨이크 필드 246

【ㅍ】
팔로스루 150
팜볼 249
페드로 마르티네즈 027, 047, 060, 062, 088, 097
포심 패스트볼 208, 211, 258
포크볼 240, 242
피칭 171
필 휴즈 088
PAP3 284

【ㅎ】
호세 콘트레라스 027
회전받침과 안정화 129

손혁의 투수교과서
ⓒ 손혁 2013

개정판 1쇄 2013년 4월 15일
개정판 10쇄 2024년 4월 1일

지은이 손혁
감수 톰 하우스
사진 심형준, 김재현, 손용호, 톰하우스(NPA/RDRBI), 게티이미지

펴낸이 김정순
책임편집 박상경 이은정
디자인 김리영 김진영
마케팅 이보민 양혜림 손아영

펴낸곳 (주)북하우스 퍼블리셔스
출판등록 1997년 9월 23일 제 406-2003-055호
주소 04043 서울시 마포구 양화로 12길 16-9(서교동 북앤빌딩)
전화 02-3144-3123
팩스 02-3144-3121
전자우편 editor@bookhouse.co.kr
홈페이지 www.bookhouse.co.kr

ISBN 978-89-5605-642-5 13690